ただいま知事一年生

國松善次

宇宙船びわこ号にのって

私は、歌が大の苦手である。

カラオケのマイクを握ることもないし、風呂で口ずさむということもない。ごくまれに歌う歌といえば、「琵琶湖周航の歌」くらいである。

そんな私に、CDの制作に参加しないかという話が、昨年の暮れに舞い込んできた。「We Love BIWAKO」といって、琵琶湖を愛する人たちが集まり、何でもいいから琵琶湖のためになることをしていこうというプロジェクトがあり、その一環として、新しい琵琶湖の歌をつくろうというのである。応援団長として参加しないかという誘いだったので、これはおもしろそうだと思って、軽い気持ちでOKした。

歌詞を公募し、寄せられたフレーズや言葉を題材に、一つの歌がつくられた。その歌には「宇宙船BIWAKO号」というタイトルがつけられた。この歌の制作計画の発表のとき、黒板にみんなが寄せ書きをするので何か書けと言われ、「宇宙船びわこ号」と書いたら、歌のタイトルとして採用されたのである。

応援団長としては、それで務めが果たせただろうと思っていたら、今度は歌のメンバーに入って、一緒に歌わないかと言ってきた。「とんでもない」と思ったが、これが乗りかかった船、宇宙船びわこ号ということかと観念して、清水の舞台から飛び降りる気分でレコーディングのスタジオに向かったのである。

案の定、冷や汗ものだった。十数人のメンバーで、一フレーズずつリレーで歌う形式で、私が歌うのは、「強くなろうよ」という一言と、「それゆけ」という掛け声だけだったのだが、それがなかなかＯＫが出ない。何度もやり直して、一時間半の悪戦苦闘の末、なんとか収録は終わった。

冒頭の写真は、この歌の収録の時の光景である。コーラスに参加した子どもたちと一緒に歌っているところだ。こんなふうにレコーディングしたり、人前で歌う体験は、私の人生で、後にも先にもこれ限りだろう。足を引っ張ったかも知れないが、みんなと一緒にひとつの作品をつくることができたことはうれしい。

そんなふうに、思わぬ方向に展開した、この「宇宙船びわこ号」という言葉だが、これはもともと、滋賀県というところを表現するのに非常にいいのではないかと思って使いだしたものである。わが国最大で、世界でも有数の古代湖である「マザーレイク」琵琶湖を中心に、まわりを千メートル級の山々に囲まれ、その中で人々が暮らし、鳥や魚やさまざまな生き物の生命が育まれる湖国滋賀。これは一つの小宇宙をなしていると言える。

「宇宙船地球号」という言葉があるように、地球自体が一つの宇宙船であり、滋賀県という地域は、地球の生態系を凝縮したような小宇宙船である。

そしてその中で、人々は、このかけがえのない琵琶湖を守ろうと、さまざまな取り組みをしてきた。例えば、昭和五十二年の赤潮の発生をきっかけとして、有リン合成洗剤の使用をやめてせっけんを使おうという運動が盛り上がった。これが、有リン合成洗剤を規制する「琵琶湖富栄養化防止条例」の制定につながるのであるが、この後も、滋賀の地に暮らす人々は、身近なところから、自分たちができることをやっていこうという活動を、県内各地で繰り広げてきたのである。

「自然と人との共生」という、二十世紀に人類が抱え込んだ大きな課題の答えを見つけるために、何らかの貢献をしたい、それは、この滋賀県に暮らす人々も、企業も、行政も、さらには鳥や魚や動物や森の木々といったさまざまな生き物も、みんな共通の願いなんだ。そんな思いをこの「宇宙船びわこ号」という言葉にこめたのである。

私が知事になったのは平成十年七月のことであり、その新米が言うのもおこがましいが、この宇宙船で、県民の皆さんや多くの生き物たちと一緒に未来へ向かって素晴らしい飛行がしたい。そしてそれはぜひ、楽しい飛行であってほしい。そう願いながら毎日駆け回っている。

この本は、そんな私の日常や、県政についての考えを、皆さんに知っていただきたいと思ってつくったものである。自分の文章だけでは平板になると思って、古くからの友人である東京新聞（中日新聞東京本社）の唐木清志氏に参加してもらった。出版社の編集スタッフが私の日常をレポートした部分もある。十一年間続けている自転車での琵琶湖一周の記録も入れてみた。

脈絡のない雑多な構成かもしれないが、そもそも「体系」のない時代である。そういう時代に知事になった「一年生」が、「何でもやってみよう」と、七転八倒しながらみなさんと一緒に歩んでいる、そんな滋賀の様子が少しでも伝われば幸いである。

國松善次
（滋賀県知事）

目次

第四章　第三十二回　知事と気軽にトーク

第一章

十一年目になった自転車の旅

〜琵琶湖一周サイクリング紀行〜

二〇〇一年ゴールデンウィークに

二十一世紀最初のゴールデンウィーク、二〇〇一年五月三日の朝。私は十一年目の琵琶湖一周サイクリングに出発した。大津市の知事公舎を出て、湖周道路を自転車で飛ばした。秘書課の二人が同行している。

前夜の雨が上がった。晴れ間がのぞく。風もゆるやかで、暑くも寒くもなく、絶好のサイクリング日和である。道端の菜の花の黄色が、まぶしいほど鮮やかだ。

十年、こうやって自転車で琵琶湖一周旅行をやってきている。三年前に知事になってからも、公務をやりくりして続けている。

十一年目にして初めて、サイクリング用のヘルメットを買った。それまでは普通の野球帽だった。十年やったからそれらしい格好もしてみたいと思ったわけだ。四月一日の誕生祝いにブルーのシャツをもらっていたので、それに合わせてヘルメットもブルーにした。

真新しいヘルメットをかぶり、乗り慣れた十二段変速のサイクリング車に乗って、まず草津市の烏丸半島で行われた「あそびアスロン2001」に立ち寄った。滋賀県の湖国二十一世紀記念事業のイベントのひとつである。たくさんの子どもが集まっている。

ここでのあいさつは、サイクリング用ヘルメットをかぶったままでした。この格好よさは、いよいよ病みつきになりそうである。

会場では、三輪車や湖上自転車など、自転車のおもしろい競技がいっぱいあった。これから先の琵琶湖一周のことを考えると、体力を消耗しない方がいいとは思いながら、ついつい一緒になって体を動かしてしまった。

今回はテレビカメラを持ったクルーが付いて取材している。チャンネルJという日本の情報を海外に発信するメディアで、CNNに配信している。やがて全世界に流れるかもしれない。

自然と先人を見つめる旅

背中のリュックには着替えと生活用具が入っている。琵琶湖一周サイクリングを始めたころは、心配する妻が宿泊先へ車で来て、汗まみれの衣類を取り替えていってくれたが、最近はお互いに要領がわかっているので、その姿はない。

一日目は、琵琶湖大橋を渡って湖西へ向かい、琵琶湖を北上してマキノで一泊。翌日は湖北を回って長浜で宿泊。三日目の五日夕方に栗東町の自宅に帰着した。

近江と呼ばれる滋賀は、先人が積み重ねてきた歴史文化がさまざまな姿で残る。その真ん中にある琵琶湖の水は、その時代、時代を見守ってきたが、今では、人間の傍若無人ぶりを悲しみ、叫んでいるようでもある。

琵琶湖は、肥沃な平野で囲まれていて、その周りを見事に一〇〇〇メートル前後の山々に囲まれている。まるで地球の縮図であり、小さな宇宙を形成しているとも言える。それだけに、人と自然の関係を考えるのには、これ程わかりやすい場所はない。

琵琶湖一周サイクリングでは、コースにある神社や仏閣によく参拝している。その歴史を学びながら、先人たちをしのび、旅の安全とともに、未来のために力を与えていただきたいと祈ることとしている。湖国の豊かな自然とさまざまな歴史は、何となく未来を予感させるものがある。

遊び心から始まったサイクリング

十一年前の平成二年のこと。息子が買ったサイクリング車が、使われることもなく倉庫でほこりをかぶっているのを見つけ、何の気なしにその自転車に乗ってみた。

最初は、自宅周辺や、十キロほど離れた琵琶湖岸まで走ってみたのだが、これが案外おもしろく、また、生来の好奇心が湧いてきて、いっそのこと琵琶湖一周をしてみようということになった。

湖を一周するといっても、何しろ日本一の琵琶湖*のこと、周囲を一周すると二三五キロ。大津から浜松までの距離となる。それまでは、自転車は、せいぜい近所へ出かける時の乗り物だという感覚があったものだから、「そんな長距離を走り通せるのだろうか」という不安な思いもあったが、実行に移すと、想像以上にすんなりと走れてしまった。しかもおもしろいのだ。

琵琶湖　滋賀県のほぼ中央を占める日本最大の湖。面積約六七〇・五平方キロメートル（県全面積の約六分の一）、最大深度約一〇三・六メートル、貯水量約二七五億立方メートル。カスピ海やバイカル湖についで世界で三～四番目に古い湖とされ、多様な生物の宝庫としても知られている。

上り坂はぜいぜい言いながら、それこそ必死でペダルをこがなければならないが、登り切ってしまうと、下り道を風を切って走るときの爽快な気分は何ともいえない。何よりも琵琶湖の景色の素晴らしさ、日本一の湖の雄大さ、煌《きら》めき、そして懐の深さを肌で感じることができる。たちまち魅了されてしまった。

琵琶湖一周の楽しみを知ってしまうと、次の年も、またその次の年も、ということで自転車での琵琶湖一周が毎年夏の恒例行事になっていったのである。

同じ道を走るのは芸がないと、コースは毎年変え、湖岸ばかりではなく、山の麓に沿った道も走っている。湖に沿った最短の道を走れば、湖岸を一周するには二日もあれば十分な行程であるが、あちらこちらを回りながら、琵琶湖の周囲を走るわけだから、三〜四日をかけて走る。

さらに、琵琶湖を右回りと左回りとを毎年交互にしてみると、同じ景色も全く違って見える。なるべく同じ道を走らず新しいコースを考えながら走ることも、また大きな楽しみとなり、常に新鮮な感動が味わえる。

健康で無理なく走れるうちは、毎年続けようと思っていたのだが、平成十年に知事になってからは、正直、もうこれで自転車旅行も終わりだと思っていた。知事の職務には土曜、日曜もなく仕事があり、まとまった休みなどはとれそうにもないと観念していた。それ以上に、自分勝手な行動の自由もないだろうと、自転車琵琶湖一周はあきらめかけていたのだ。

ところが、そんな私の言葉を聞いた息子たちから
「知事になってやってこそ値打ちがあるんじゃないか」
と言われたことで、それもそうだなと思い、自転車旅行を続行することにしたのである。

それでも、一人で走るわけにはいかず、大学生の息子と、秘書課の若手がついてきてくれることになった。

知事になってから、その年の十一月、翌年の五月と七月、そして平成十二、十三年の五月と、既に五回の自転車旅行を実行した。

時間に追われる日常から見事に解放されるときであり、広大な自然とのふれあいや、多くの人々との出会いがあるかけがえのない体験である。

水と歴史の道（平成十年十一月）

知事になっての初走り

琵琶湖一周サイクリングとなると、思い浮かべるのが琵琶湖岸の道を通って、琵琶湖を見ながら走るというコースである。湖辺は、平坦な道が続くので、初心者には最適なコースだ。琵琶湖の周囲には、湖周道路ができているので、ほとんどの部分、湖岸を走って一周することができる。

知事になってから初めての自転車旅行は、琵琶湖岸を走るコースを選んだ。十一月の三連休を利用して計画したのだが、初日の午前中と三日目の午後に公務が入り、実質二日で回ることになった。大学生の三男と、秘書課のI君、そして初日だけ秘書課の女性Yさんがついてきてくれた。

午後に栗東の自宅からスタートして、彦根で一泊し、二日目は北琵琶湖をまわって安曇川で泊まり、三日目の昼に大津の公舎に戻るというものだった。宿はI君がとっておいてくれたが、途中のコース設定は、私の思いつくままということで出発した。

これまでも、綿密な計画をたてて走るということはせず、ハンドルの向くまま、気の向くまま、思いつきで走っていた。計画がないのは、かえって気が楽になるものだ。

当日、彦根での公務を済ませて、栗東の自宅に帰ると、メンバーが集まっていた。息子は現役のボート部だから問題はなく、Yさんも体力には自信があるということで心配はなさそうだったが、華奢《きゃしゃ》なI君は不安そうな顔をして待っていた。

お恥ずかしい思い出

はじめての晩秋の旅であり、寒いかもしれないと思って厚着をしたのだが、少し走ると体がほかほかしてきて、快適なサイクリングができ、「この時期に走るのもなかなかいいな」と思った。

琵琶湖一周の時には、できるだけ自動車の少ない道を走ることにしている。国道を走れば距離的には一番短いのだが、自動車の排気ガスにまみれて走るのはあまり気分のいいものではない。それに、普段あまり車で通ることのない道を走るのが、このサイクリング旅行の醍醐《だいご》味《み》なのである。

自動車とは比較にならないスピードでゆっくり走るものだから、普段気がつかないことに気づいたり、道端に咲く花々、庭先で遊ぶ子どもたちやお年寄りの語らいなど、そこに暮らす人々の息吹が感じられる。

それに、止まりたくなったらどこでも自由に止まることができ、引き返すことも簡単だ。寄り道もおかまいなし、細い路地にも自由に入っていくことができる。時間の制約もなく、日常のしばりから解放された「自由」が味わえるのである。

栗東の自宅を出発して篠原駅の近くまで来ると、腹の虫が鳴き出して、昼食をとることとした。この時入った駅前の喫茶店では、以前失敗があった。食事をし、代金を払おうとして、お金を忘れてきたことに気づき、平身低頭謝って、後で届けたというお恥ずかしい経験があったのである。

この時は店主の好意に助けられたが、自然の中を走っていると、ハプニングはつきもので、これまでで最も恐ろしい思いをしたのは、山道で猿の群れに出会ったときのことだ。数十匹の猿に囲まれて、いつ飛びかかってくるかと気が気でなかったのだが、思い切りペダルを踏んで一目散に逃げた。向こうは、「変わったヤツがいるな」ぐらいに思っていたのかもしれないが、こっちは必死の思いだった。

食後、再び近江八幡市から安土に入り、*沙沙貴《ささき》神社に寄った後、安土の田園風景の中を*近江風土記《ふどき》の丘に向かって走った。

沙沙貴神社　蒲生郡安土町常楽寺に所在。中世には近江源氏「佐々木」一族の氏神として篤《あつ》く崇拝された。大鳥居に掲げられた源頼朝自筆と伝わる「佐佐木大明神」の社額や、徳川家康寄進の鰐口《わにぐち》など多くの文化財を有する。

近江風土記の丘　特別史跡に指定されている安土城跡を中心とした歴史公園。弥生時代の農業用具などが出土した大中の湖遺跡、県最大の前方後円墳である瓢箪山《ひょうたんやま》古墳、佐々木六角氏の居城だった観音寺城跡などの史跡からなっている。

安土と信長

安土城跡からこの一帯は、県の安土城考古博物館*をはじめ、文芸セミナリヨ*などいくつかの施設ができ、独特の歴史的雰囲気を醸し出している。

「安土」という場所は、日本史上非常に重要な意義を持っているのであるが、滋賀県に安土があるということは、あまり知られていない。「歴史」上の安土は日本人のほとんどの人が知っているのに、残念ながら「地理」の安土はほとんど知られていないというのが現実だ。

多くの優れた歴史文化資源を持ちながら「情報発信が下手」「広報宣伝力が乏しい」といわれる滋賀県の発信力を高めるために、もっと意識的に努力する必要がありそうだ。

知事に就任してから、とくに安土に城を築いた織田信長に強く興味を抱くようになった。歴史の流れが大きく変わろうしている時代に自治体の首長となってはじめて、信長のリーダーとしての偉大さを実感

安土城考古博物館　近江風土記の丘の中核施設として、平成四年（一九九二）に開館。第一展示室では弥生・古墳時代の出土資料を、第二展示室では、安土城と織田信長関連の資料を紹介している。

文芸セミナリヨ　安土城考古博物館のすぐ南にある。文化活動や芸術鑑賞を目的につくられたホール。バロック調の装飾がなされたホール内部には、高さ一一メートルのパイプオルガンが設置されている。隣には、安土城天主の原寸復元模型が展示されている「安土城天主　信長の館」がある。

するようになった。

信長が生きた時代と現代に共通していることは、それまでの変化とは質の異なった変化が起きているということではないだろうか。

まず思うのは、「技術」という枠組みがダイナミックに変化しようとしていることだ。現在はＩＴ革命やバイオテクノロジーの時代であることはいうまでもないが、信長の時代には「鉄砲」の活用が、単に戦術だけではなく、社会構造をも変えたのである。

それから、いずれもグローバル化がポイントになっているということだ。

インターネットには国境がない。交通網の発達と情報通信技術の発達は世界をひとつに結ぶことを可能にした。信長の時代も、従来の東アジアの国々との交流以上に、ヨーロッパとの交易が始まった時代だった。

そして最後は、変化のスピードがそれまでに比べて非常に速くなってきた時代であるということである。このような時代に生きるリーダーの資質や生き方を考えるうえで、信長は非常に興味深い人物といえる。

中山道に往時をしのぶ

安土を過ぎ、しばらく走って、能登川駅付近の喫茶店で少し休憩をとった。自転車での長旅は初めてのI君が何やらしきりに足やお尻をもんでいる。普段使わない筋肉を長時間使うので無理もなく、特に、自転車に乗り慣れていないと、お尻の痛みは激しい。初日はまだ我慢できるものの、二日目、三日目ともなると、サドルに座った瞬間、飛び上がるように痛くなり、道の段差に遭うたびに、衝撃を避けるため腰を浮かしながら走るようなことになる。

湖東平野の豊かな田園地帯を過ぎ、愛知川を渡ると、豊郷町内に入ってきた。旧中山道に進路をとると、道の両側にまだ松並木が残っている。江戸時代に人々が歩いて往来した様子をしのぶことができる街道だ。自動車も自転車もない時代に、夢に胸をふくらませて都へ向かう人もいれば、夢破れ傷心を抱えて故郷へ帰る人も同じようにこの街道を行き来したのだろう。

古代より、近江の国は東西を結ぶ重要な所として多くの幹線が通っていた。古代の東山道をはじめ、近世には東海道、中山道、北国街道など主要な街道が交差する交通の要衝だった。都に隣接し、しかも琵琶湖という水運の便に恵まれていたことが、滋賀の発展にとって大きな役割を果たしてきたのである。

そして、近江商人*と呼ばれる偉大な先人も産み出してきた。豊郷町の中心部の街道沿いには、近代商業の基礎をつくったといわれる伊藤忠兵衛の大きな屋敷があった。

伊藤忠兵衛は、大手総合商社の伊藤忠、丸紅飯田の創始者であるが、伊藤家は呉服の行商から始まり、忠兵衛が大阪に出て近江麻布を取扱い成功した。やがて海外に目を向けた忠兵衛は、世界に誇る商社機能の原型を作ったが、この根底には、江戸時代初期より近江商人と呼ばれた人々が営々と築きあげてきた諸国産物廻し*といわれる需給のバラ

近江商人　近江出身で、他国で活躍した商人のこと。多くは、本宅を近江の出身地において、妻子を残して関東や東北をはじめ全国各地で商売をした。その歴史は、鎌倉時代にまでさかのぼり、江戸時代には日本全国を商圏として、明治以降は海外までその活躍の場を広げた。日本の商社の多くは近江商人たちが築き上げたものである。

諸国産物廻し　行商で乗り込んだ土地で成功するとそこに出店を開き、出店を東西に展開するようになると情報ネットワークを駆使しながら、地域間の価格差を利用して、商品の流通をはかった商法のこと。

ンスを図った流通システムが受け継がれている。

伊藤家の前を通過するとき、そのたたずまいに、歴史の重さを感じた。

「ひょっとして知事さん?」

十一月も下旬となると、五時を回る頃にはもう薄暗くなってくる。薄暮の中をようやく、一日目の宿である南彦根の駅前のホテルに着いた。

公務ではない旅のこと、あくまでも一個人として楽しみたいという思いがあり、予約をするときには、私の名前は出さないようにしていた。

チェックインするときに、フロントの人が何やら怪訝《けげん》そうに私たちを見ていた。そして、「ひょっとして知事さんですか」と話しかけてこられたので、ちょっぴりうれしい気分になった。

翌朝、朝食の際に、ホテルのオーナーから、サラリーマンから転身していること、名水の販売なども手がけていることなどを聞き、このような元気のいい起業者がどんどん出てくると滋賀の経済も活気が出てくるだろうと意を強くしたものだった。当初から一日目だけのおつきあいという約束だったYさんとはここで別れ、北に向かって走りはじめた。

湖北野鳥センター

前夜からことのほか冷え込みがきつくなり、空気が身を切るように冷たい。さすがに湖北の冬の訪れは早い。眼前の伊吹山にはすでに降雪があり、朝日を浴びて美しい姿を見せていた。

滋賀県の気候状況は、南部と北部とで、かなりの違いがある。南部は雪も少なく比較的温暖な気候であるのに較べて、北部の、特に山間部は相当の雪が降る。

真っ白に冠雪した山々と琵琶湖が織りなす風景は何度見ても素晴らしいものである。湖岸道路を北上する途中、思わず、琵琶湖の輝く湖面と、その向こうに見える湖西の山々の景色の美しさに、ペダルを踏む足を止めて、しばし見とれていた。

湖北町の琵琶湖岸には、「湖北野鳥センター*」が開設されている。展望室からは、望遠鏡で琵琶湖の水鳥を手にとるように観察することができ、子どもたちに交じって、時を忘れて水鳥を追いかけた。

このセンターの隣には、平成五年にラムサール条約*の登録湿地となったことを契機に、「琵琶湖水鳥・湿地センター」が建てられ、生態調査・湿地保全のための研究室やレクチャールーム、それから最大六十六倍という迫力ある映像を映し出す大画面も備え付けられていた。

琵琶湖の湖面には、水鳥がのんびりと遊んでいる。まるで琵琶湖が鳥獣保護区に指定されていることを知っているかのようだ。

琵琶湖は古来「鳰《にお》の海」と呼ばれていたが、この「鳰」はカイツブリのことで、滋賀県の鳥に指定されている。琵琶湖には毎年冬になると無数の水鳥が訪れ、湖面を賑わしている。

琵琶湖をはじめて見た人は「海のようだ」と表現するが、私は、湖の水際に豊かな生命の営みを感じる。湖は、岸辺にヨシなどの植物が育ち、魚や水鳥など多くの生き物が棲んでいる。海辺の景色も美しい

湖北野鳥センター　昭和六十三年（一九八八）に開館。ヨシ原がしげり、県内有数の水鳥生息地となっている東浅井郡湖北町今西の湖岸に所在。フィールドスコープで水鳥の観察が楽しめる。

ラムサール条約　多様な生態系を持っている湿地を保全することを目的に、一九七一年にイランのラムサールで採択された条約。正式には「特に水鳥の生息地として国際的に重要な湿地に関する条約」という。日本は八〇年に加入し、九三年六月に登録された琵琶湖をはじめ、釧路湿原など九カ所が登録湿地となっている。

のだが、そういう生命を育む湖辺の風景は、人の心をなごませる「癒しの風景」ではないだろうか。この効果が、人々に「滋賀県に住みたい」という気持ちを起こさせる大きな要因となっているのだろう。

奥琵琶湖

野鳥センターを後にして、さらに北上し、湖北町尾上《おのえ》から余呉川沿いの道を木之本町へ入り、国道八号へ出ると、「＊賤ヶ岳《しずがたけ》の合戦《かっせん》」で有名な賤ヶ岳が見えてきた。この一帯は奥琵琶湖と呼ばれ、南の方の琵琶湖とは、様相がかなり違う。山が直接湖面に切り立ち、浜辺はない。深い入り江になっているため、波もなく静まりかえった水面は、神秘的な感じさえする。

近江の景勝の代表格といえば室町時代に選び出されたと言われる「＊近江八景」があり、浮世絵に描かれ、よく知られている。

しかし、この風景は琵琶湖の南に片寄っていることから、昭和二十五年に新しく「＊琵琶湖八景」が誕生した。この中には深緑・竹生島《ちくぶしま》の

賤ヶ岳の合戦　織田信長の死後、跡目相続をめぐって、信長の三男信孝をおす柴田勝家と信長の長男の子秀信をおす豊臣秀吉との間で行われた戦いの一つ。天正十一年（一五八三）、現在の伊香郡木之本町と余呉町との境界に位置する賤ヶ岳で行われた。この合戦で活躍した秀吉軍の「七本槍《やり》」がよく知られている。

近江八景　室町時代に、中国の洞庭湖の瀟湘《しょうしょう》八景にならってつくられた琵琶湖南部の八つの景勝。石山秋月、勢多夕照、粟津晴嵐、矢橋《やばせ》帰帆、三井晩鐘、唐崎夜雨、堅田落雁、比良暮雪。多くの詩歌に詠まれたり、安藤広重の浮世絵などで広く世に知られた。

沈影、新雪・賤ヶ岳の大観、曉霧・海津大崎の岩礁があり、奥琵琶湖の変化に富む景色が三カ所選ばれている。

入り組んだ湖周から道が山の方向に入り、琵琶湖一周の中で最大の難所にさしかかる。急な坂道のため、とうとう自転車を降りて押して歩かなければならないようになった。坂を上りきると岩熊《やのくま》トンネルに入る。

何度も通っているのだが、最も恐れている場所である。古いトンネルで歩道もなく、電灯もなく真っ暗な上、自動車の通行はかなり多い。いつもここを通るときは、「南無阿弥陀仏、南無阿弥陀仏」と唱えながら走り、無事通過できるとホッとしたものだ。今回は、事故にでも遭ったら大変だと思い、無理をせず、歩いて通った。

（このトンネルの横に新しいトンネルが建設され、平成十三年一月から暫定的に開通した）

自動車で通っていると気がつかない道路状況も、自転車で走ると、

琵琶湖八景　昭和二十五年（一九五〇）琵琶湖が国定公園に指定されたのを機会に、新たに選ばれた八つの景勝。文中で述べた以外の五つは、夕陽《せきよう》・瀬田・石山の清流、煙雨《えんう》・比叡の樹林、涼風・尾松崎の白汀、月明・彦根の古城、春色《しゅんしょく》・安土八幡の水郷。

いろんなことに気がつく。

一番気に掛かることは、従来の道路は自動車を中心とした視点でつくられ、歩行者や自転車で通る人に対する配慮が十分でないということだ。車道は車が頻繁に通り、その横を自転車で通ると、風圧にあおられて、非常に恐い思いをすることがある。歩道はあっても、自転車が安心して走れない道もまだまだ多い。

自転車は、誰もが乗れる身近な存在でありすぎて、立派な交通手段であることが忘れられてきたのではないだろうか。

地球規模での環境問題が叫ばれ、また健康に対する人々の関心が高まっている時代に、自転車は最良の乗り物だと改めて思う。

事実、ヨーロッパには、自動車を減らすために、積極的に自転車を奨励している国々がある。日本でもこうした試みができないものだろうか。

新しくつくられた道路は、歩く人、体の不自由な人々への配慮などさまざまな角度から検討を加えた道路づくりが行われている。これに大いに期待すると同時に、私自身その責任を負うものとして、こうした視点の大切さを痛感するのである。

海津大崎からマキノへ

トンネルを抜けると、降雪時に活躍する融雪装置の試運転が行われており、車道には、勢い良く水が吹き出していた。泥よけがついていない自転車に乗っているので、背中に泥を浴びないよう、そろりそろりと通り過ぎた。

西浅井町の大浦を通って、海津大崎へ向かうと、山道から再び琵琶湖岸へ出た。

左手に琵琶湖を見ながら湖岸線に沿った平坦な道は、琵琶湖一周の中でも最上級の美しい景色が続く。琵琶湖八景のひとつの海津大崎のあたりの道は、桜並木が続き、滋賀県でも有数の桜の名所であり、「日本さくら名所一〇〇選」のひとつとなっている。

四月の中頃から下旬にかけて開花する湖岸沿いの七百本の桜並木

は、湖面に映えてそれは見事な風景となっているが、近年はその樹勢が衰えていた。

こうした様子をみた地元商工会を中心に二百名余りの人々が桜守《さくらもり》*となって、樹木の管理を行ったことで、以前と同様の見事な桜が咲き出した。

この時期、葉っぱが落ちて、寒そうな木々の道も、やがて春には、見事な桜並木となることだろう。満開の桜の回廊を疾走するのもよし、またそれ以上に湖上からの花見は素晴らしいものだ。

海津大崎の近くに洋館風の建物があり、喫茶店にもなっていたので、そこで休むことにした。重厚な感じの内装で、キャンドルが灯されていたりして、なかなかの雰囲気の店だ。コーヒーを飲んで一息ついていると、店のオーナーの女性が、話しかけてきた。なかなかおもしろい人で、ここでホテルの経営を始めたきっかけなど、いろんな話をしてくれた。最後に、「応援してますよ。この前の選挙では別の人に入れましたけど」と正直に言われたのがおもしろかった。

桜守　海津大崎の桜並木は、昭和十一年（一九三六）に大崎トンネルが完成したのを記念して海津村（現マキノ町）が植樹したもので、琵琶湖岸の延長約四キロメートルにわたって約七〇〇本の桜が咲き誇る。植樹から六十年余りを経て木の老巧化が進み、平成九年（一九九七）には花の数が半減するまでになったため、同年から県が二年計画で再生手術を行い、地元では「桜守の会」を発足した。

海津大崎を過ぎて、マキノ町内にはいると、琵琶湖一周も半分を超えたことになる。これからはペダルのひとこぎひとこぎが、ゴールへ近づくことになる。少し休息したこともあって、皆、そろって快調に、左手の竹生島*が次第に小さくなるのを見ながら、風光明媚な湖西路を進んでいった。

琵琶湖周航の歌資料館

しばらく走ると、今津町に入り、ここでは「琵琶湖周航の歌資料館」*ができていることを思い出し、今津港の近くに見当をつけ寄ってみた。

言うまでもないが、「琵琶湖周航の歌」は、旧制第三高等学校の水上部（ボート部）の部員小口《おぐち》太郎が、同部の伝統行事の琵琶湖周航を行っている際に作詞したと言われている。

加藤登紀子さんが歌ってヒットし、すっかり有名になった。郷愁を帯びたメロディーと叙情的な歌詞は、滋賀県を歌った歌の代表として多くの人に親しまれている。滋賀県では宴会の最後に、みんなで肩を

竹生島　琵琶湖北部にある周囲約二キロメートルの島。行政上は東浅井郡びわ町に属する。真言宗豊山派宝厳《ほうごん》寺と都久夫須麻《つくぶすま》神社があり、前者の唐門、後者の本殿などは国宝に指定され、島全体も国の名勝、史跡となっている。大津・長浜などからの観光船が運航されている。

琵琶湖周航の歌資料館　作詞者である小口太郎は、旧制三高（現京都大学）のボート部員で、大正六年に琵琶湖を就航して今津に宿泊した際に初めてこの歌を披露したとされることから、平成六年（一九九四）に今津港に歌碑が建立された。つづいて平成十年四月に開館した資料館では、関連資料の見学や多くの演奏家による曲の試聴ができる。

組んでこの歌を歌って締めくくるということがよく行われる。まるで滋賀県民の歌と思われるぐらいに親しまれている。

琵琶湖周航の歌資料館は小さいながらも、この歌を大切にする地元の人々の熱意が感じられる。琵琶湖の風景の写真や、この歌に関する資料の展示とともに、関連商品の販売もある。

素敵な水彩画の絵はがきが目に入り、来館記念に一セット購入した。旅先では、その土地の絵葉書を買い求め、折りにふれいろんな人に、文章を添えて出している。

今日の宿泊先は安曇川町にとってあるということで、秋のつるべ落としといわれる日没と競うように先を急いだ。宿に着く寸前に、急に雨が降り出してきた。昨夜も夜の間だけ降っていたようだが、幸いにも日中は天候に恵まれている。

以前から自転車旅行をするときは、宿舎のバリエーションをつけるようにしている。新しいスタイルのホテルであったり、純粋の日本旅館であったり、商人宿風の宿舎の場合もある。客は私一人だけということもよくあった。今日の宿は、昔ながらの旅館だ。

楽しい旅も、明日は大津へ帰ることになる。午後に仕事が入っているので、正午には公舎へ到着しなければならない。所要時間から計算すると、朝早くのスタートとなりそうなので、早めに床についた。

暁の白鬚神社

翌朝、雨もやんで晴れ上がり、六時半にスタートし、一路大津をめざした。早めにできるだけ距離を稼いでおこうと、スピードを出して走ったのだが、幸いにも追い風で、楽に走れた。

サイクリングで最も影響を受けるのは風向きだ。追い風と向かい風とでは、雲泥の差があり、向かい風の時は倍ぐらい疲れる。冬は北寄りの風の日が多く、南下するときは追い風になる。

高島町の*白鬚《しらひげ》神社は湖の中に朱塗りの大鳥居が立っていることで有名だが、ちょうど日が昇る時間で、赤い鳥居と湖に映える朝日が美

白鬚神社　高島郡高島町鵜川《うかわ》に所在。全国に分布する「白鬚神社」の総本社にあたり、延命長寿の神様として知られる。現存する本殿は豊臣秀吉の命で慶長八年（一六〇三）に建てられたもの。国道一六一号をへだてて琵琶湖の湖中に朱塗りの鳥居があり、「近江の厳島神社」ともいわれる。

しく、思わず記念写真を撮った。めったに目にすることのできないこの光景はいつまでも胸にやきつくことだろう。

朝食をとらずに宿を出たので、近江舞子付近で朝食をすませ、先を急いだ。

湖西地方の道路は、かつての北国海道《ほっこくかいどう》*に沿って、国道一六一号が大動脈となり、京阪神から北陸へ抜ける経路になっている。このため観光シーズンには、大渋滞が頻繁に起こる。

この状況を緩和するべく、比良山系の山麓に沿ってバイパス道路の建設が進められ、京都から西大津に入り、現在は志賀町まで、さらに高島町や今津町付近でも一部開通している。国道より高い所を走るこの道路からは琵琶湖が一望に開けてパノラマのような光景だ。このバイパスが完成すると現在は交通量の多い一六一号も自転車で快適に走れそうだ。

今のところは、湖西を走る時は、国道からはずれた旧道を探しさがし走らなければならないところがあるが、幸い、志賀町の北小松付近から

北国海道　大津で東海道から分岐し、琵琶湖の西岸を北上、海津（マキノ町）から敦賀へ抜ける街道。西近江路ともいう。ほぼ現在の国道一六一号のルートに近い。

は自転車道路が整備されているので、自転車の通行には最適となっている。

堅田の浮御堂

堅田が近づくと、建設当時世界最大級といわれた高さ一〇八メートルの「びわこタワー」の大観覧車が見えてきた。その足元の琵琶湖大橋西詰には、近江米の文化発信と消費拡大をめざした「*米プラザ」ができている。完成式典の時に来たものの、施設を十分に見学していなかったので、今日は休憩を兼ねてゆっくりと見学することにした。これも早朝に急いで出発したおかげだ。

堅田の町には、有名な「*浮御《うきみ》堂《どう》」がある。時間は十分あるので、琵琶湖に突き出た御堂を拝観し、湖上を渡る強く冷たい風を感じながら、冬の訪れが感じられる琵琶湖を眺めていた。

平成六年の大渇水の時は、御堂の周辺も干上がり、浮御堂が地上に出てしまったが、今日の御堂は、水面に映え美しい姿を見せている。

びわ湖大橋米プラザ　大津市今堅田（琵琶湖大橋西詰め）に所在。近江米の歴史や情報の展示や学習講座、イベントなどを通じて発信する施設。レストラン、特産物売店なども併設した「道の駅」でもある。

浮御堂　恵心僧都《そうず》が堅田の琵琶湖畔にたてた堂。正式には海門山満月寺。堂内には一〇〇〇体の阿弥陀如来が安置されている。

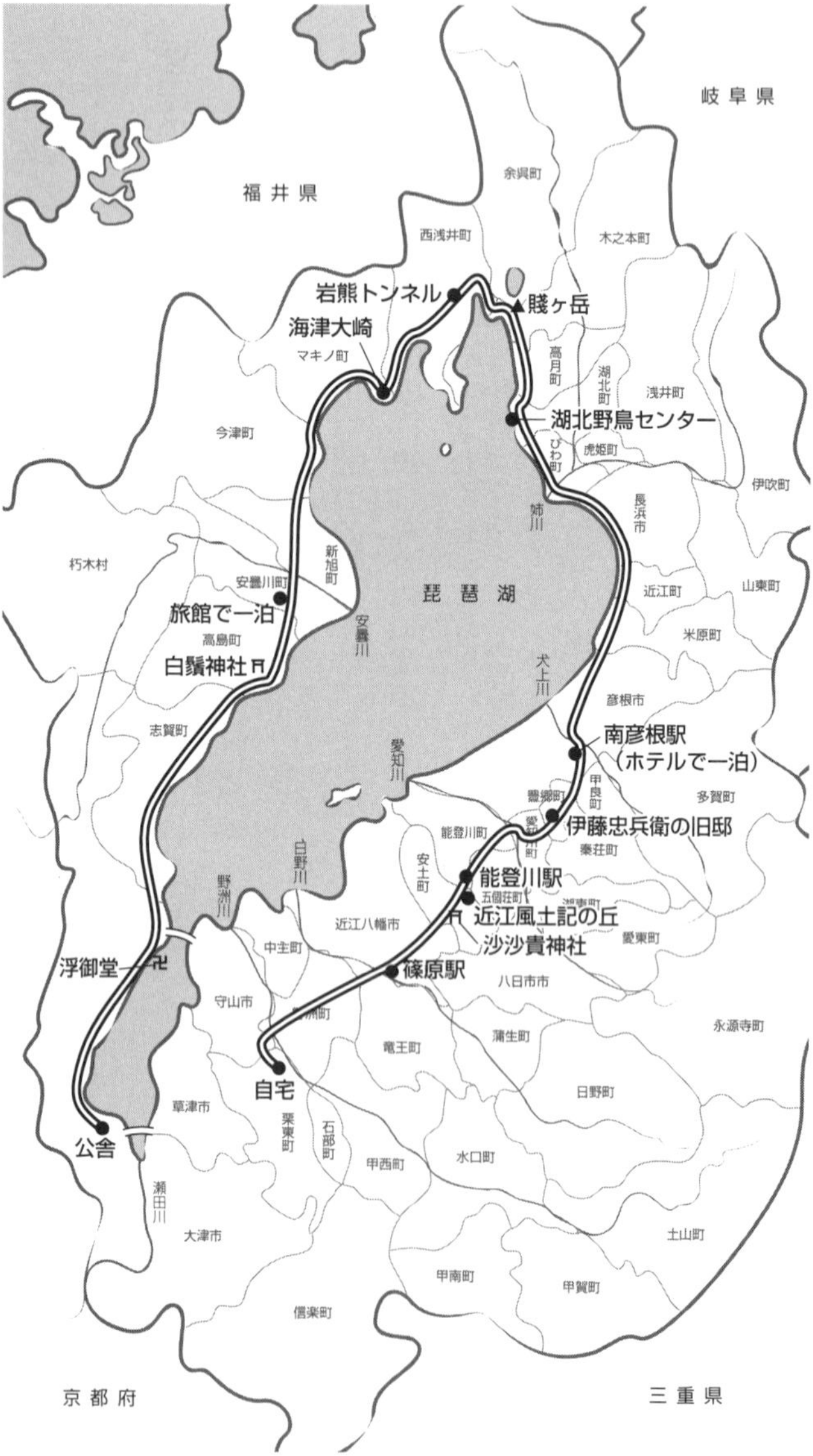
岐阜県
福井県
余呉町
西浅井町
木之本町
岩熊トンネル
賤ヶ岳
海津大崎
マキノ町
高月町
湖北町
浅井町
湖北野鳥センター
今津町
びわ町
虎姫町
伊吹町
姉川
長浜市
朽木村
新旭町
安曇川町
琵琶湖
近江町
山東町
旅館で一泊
高島町
安曇川
米原町
白鬚神社
犬上川
彦根市
志賀町
南彦根駅
（ホテルで一泊）
愛知川
甲良町
多賀町
豊郷町
伊藤忠兵衛の旧邸
能登川町
愛知川町
秦荘町
白野川
安土町
能登川駅
野洲川
五個荘町
近江風土記の丘
近江八幡市
沙沙貴神社
中主町
愛東町
浮御堂
篠原駅
八日市市
守山市
永源寺町
竜王町
蒲生町
自宅
草津市
日野町
公舎
栗東町
石部町
甲西町
水口町
瀬田川
大津市
土山町
甲南町
甲賀町
信楽町
京都府
三重県

しかし、この周辺も昔と比べると水が汚れてきている。昔はもっと美しかったに違いない。琵琶湖を本来の美しい姿に戻して、次の世代の人々に引き継いでいくことの責務を、知事として、また一人の滋賀県民として痛感した。

花と緑の道（平成十一年五月）

新緑の季節に花を求めて

平成十一年五月の連休は、ちょうどまん中に公務がはいり、半周コースとした。さわやかな新緑の五月、どこを走っても気持ちがいいのだが、花がきれいに咲き誇っているという「ブルーメの丘*」に行くことにした。

今回は、総務部のO次長と、秘書課のI君と一緒に走った。そしてまた、Yさんとはブルーメの丘で待ち合わせとなった。

五月一日、午前中に木之本町の行事に参加した後、午後三時に米原駅をスタートし、湖東町のホテルで泊まり、翌日に日野へ向かうという変則的な日程になった。

米原から農道を通って彦根に入り、彦根駅近くの護国神社へお参り

ブルーメの丘　蒲生郡日野町西大路に所在。平成九年（一九九七）四月にオープンした農業公園。

した。ここには戦争で亡くなった私の父も眠っているだけに、素通りはできない。

　滋賀県では平成九年から継続して、第二次世界大戦中の人々の生活を記録に残そうと『記憶の湖《うみ》』*という書籍を刊行してきた。私自身が戦争遺児としての人生を歩んできただけに、この本に記された人々の記録は、人ごととは思えないことが多く見受けられる。

　かつて、自分ほど辛い思いをした人はないのではという気持ちを持ったこともあったが、あの時代、多くの人々が戦争という、大きな悲劇のなか、また敗戦後の生活の変化の中、さまざまに、それぞれが、辛い苦しい生活をしていた現実を知らされた。つくづく平和の大切さを感じさせられる。

　彦根市内を抜け国道三〇七号へ入り、正月三が日には初詣の人々で賑わう多賀大社を参拝し、湖東町のホテルに到着したのは、日が沈みかける時間だった。

　ドライバーの再訓練、安全教育用の施設に併設して最近建てられた

『記憶の湖』　滋賀県総務部総務課が編集・発行している県民の戦争体験談集。インタビュー形式で口述された戦争体験を、読者に語りかけるかたちに文章化してある。平成九年に第一巻を発行。現在までに六冊が発行されている。

このホテルからは、田植えの終わった湖東平野の豊かな田圃が眼前に広がり、日没寸前の夕日が水を張った田にきらめく光景は、まさに古くからの日本の美しい農村の風景だった。高台のホテルからは、豊かな湖東平野の向こうに琵琶湖が少しかすんで、夕日に赤く輝いている。いつまでも、残しておきたい風景だ。

ハングル文字に誘われた鬼室神社

翌日、湖東町から、日野町までは、どうしても国道三〇七号を中心に通ることとなる。車の交通量が多く、時々大型車にすぐそばを抜かれ、冷や冷やしながら、慎重に走って行った。

八日市を過ぎ、日野町の工業団地を通ってすぐに、道路沿いのひとつの看板が目に入った。

「*鬼室《きしつ》神社」と書かれた標識の下にハングル文字の表示がある。高月町の雨森地区ではハングル語の道路標示が多いことは聞いていたのだが、日野町でみかけたことを不思議に思い、少し時間の余裕があった

鬼室神社　蒲生郡日野町小野《この》に所在。七世紀後半、朝鮮半島にあった百済《くだら》から日本へ亡命した百済人の一人と考えられ、その学識を高くかわれて朝廷に登用された鬼室集斯をまつる。集斯は百済復興運動の中心となった武将・鬼室福信の近親とされる。

ので、寄っていくことにした。

標識の距離を見落としたのですぐ近くだと思ったのだが、鬼室神社までは、かなりの距離であった。細い農道を尋ね尋ね、ようやく清々しい神社に到着した。

この神社は、奈良時代前期の創建と伝えられる古い神社で、鬼室集《しゅう》斯《し》を祀っている。鬼室集斯は天智天皇の頃、蒲生野へ移り住んだ百済《くだら》系渡来人の首長のひとりで、天皇の信任があつく、近江朝の学職頭《ふみのつかさのかみ》に就いたということだ。

お参りをし、記帳するノートがあったので、名前を書き、「自転車で」と付け加えておいた。前の頁をめくってみると、大変多くの人が訪れており、それも半分以上は県外からである。しかも東京など遠くから訪れている人が多いのには驚いた。後で調べると、大変有名な神社で、司馬遼太郎さんの『街道をゆく』でも紹介されているし、祀られている鬼室集斯は、大陸の高官で白村江《はくすきのえ》の戦いの後に日本に亡命し、大津京の造営や運営に深く関わった人とのことだった。

日野町や蒲生町には渡来人の文化の足跡が多いことは聞いていたし、韓国との国際親善にも熱心な様子は知っていたが、この神社のことは初めて知った。

神社を離れるときに、中学生らしい女の子が自転車で通ったので、彼女に、記念写真を撮ってもらった。お礼にと彼女と二人の写真も撮り、住所を聞いて後で送った。後日、彼女から礼状をもらったが、こんなことも、ぶらりと出掛けるサイクリングの楽しみのひとつである。

ブルーメの丘

寄り道をして予想以上に時間をとったので、できる限り近道を探し、急いでブルーメの丘を目指した。

連休の初日、天気がいいこともあって、大変な賑わいをみせていた。はやくも車の渋滞ができている。こういう時、自転車は強い。イライラしているドライバーを横目に、スイスイと入っていった。

入場口では、場長自らが改札をされていた。「かきいれ時なので、人手が足りなく総出でやっているんです」

場長のエプロン姿は様になっている。行政にもこうした身軽なフットワークが大切だ。

ブルーメの丘は、日野町が中心の第三セクター*でつくられ、ドイツ・バイエルン地方をイメージした、農業と観光を融合した農業公園である。花畑の中にドイツ風の建物があり、それに広々とした放牧場では羊や馬が草をはんでいる。地ビールや石釜パンも味わうこともでき、動物に触れあうこともできる。

昨今、多くの第三セクターが経営に行き詰まっているが、資本参加とともに、役所が民間と共に経営する中で、企業の合理性や現場主義の考えを積極的に取り入れる努力が必要なことは、いうまでもないことだが、どうも利益を生むことへのシフトができていない役所の体制に大きな問題があるのではないだろうか。

近年、全国から注目されている長浜の黒壁*の事業展開は、同じ第三セクターの形態をとっているものの、民間活力を十分に生かして効果

第三セクター　国や地方公共団体（第一セクター）と民間企業（第二セクター）の共同出資によって設立される事業体。地域開発など本来は国や地方公共団体が行うべき事業を、民間の資金・能力の導入によって官民共同で行おうとするもの。

黒壁　明治時代に建てられた黒漆喰仕上げの建物を買い取り、昭和六十三年（一九八八）に市民と長浜市らの出資で設立された株式会社。翌年、ガラス製品の製造販売などを行う黒壁スクエアをオープンした。

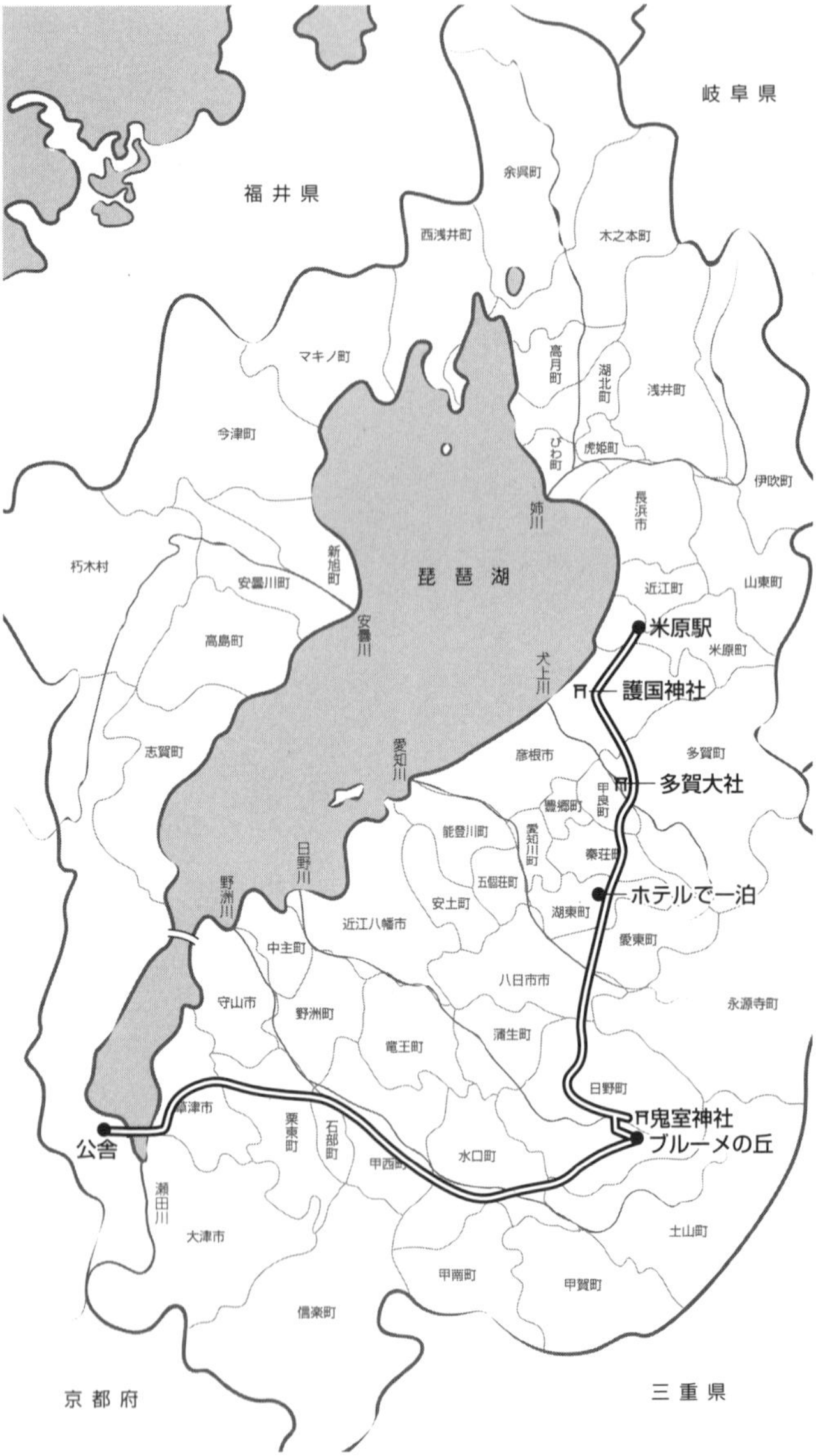
岐阜県
福井県
余呉町
西浅井町
木之本町
マキノ町
高月町
湖北町
浅井町
今津町
びわ町
虎姫町
伊吹町
姉川
長浜市
新旭町
琵琶湖
朽木村
安曇川町
近江町
山東町
米原駅
高島町
安曇川
米原町
犬上川
護国神社
志賀町
愛知川
彦根市
多賀町
甲良町
多賀大社
豊郷町
能登川町
愛知川町
日野川
秦荘町
五個荘町
野洲川
安土町
ホテルで一泊
湖東町
近江八幡市
中主町
愛東町
八日市市
守山市
野洲町
永源寺町
竜王町
蒲生町
日野町
草津市
鬼室神社
栗東町
石部町
公舎
ブルーメの丘
甲西町
水口町
瀬田川
大津市
土山町
甲南町
甲賀町
信楽町
京都府
三重県

が上がっている格好の事例ではないかと思う。ともすれば、机上で物を考えがちな行政は、現場の発想に転換するだけでも、行政改革の第一歩が始まるだろう。

公園の中の「赤い帽子　織田廣喜ミュージアム」[*]は、芸術会会員の織田廣喜さんの作品を展示した美術館で、赤い帽子をかぶった少女の人物画が特徴となっている。

自然をいかした設計で知られる安藤忠雄さんの作品で、照明のない自然光の美術館となっている。

「自然光の中で書かれた作品は、画家の視線と同じ自然光の中で見るのが一番よい」ということだ。したがって、日没になると閉館となる非常に珍しい美術館となっている。

小さな美術館なので、展示されている数は多くはないが、それぞれが独特のいい雰囲気が醸し出されている。おもしろかったのは、壁に一カ所だけ、絵と同じくらいの大きさの四角い穴があけられていたこ

赤い帽子　織田廣喜ミュージアム　ブルーメの丘内にある美術館。現在も活躍中の洋画家・織田廣喜氏の作品を展示する場として、平成十年（一九九八）に開館。館の設計を、現代日本を代表する建築家の一人、安藤忠雄氏が担当したことでも話題を呼んだ。

とだ。

そばに赤い帽子が置いてある。それをかぶって枠の中に入ると、外の風景を背景にして絵の主人公になれるというのだ。

滋賀県にも個性的な美術館が増えてきて、うれしい。県立近代美術館のモダンアートには固定的なファンが多いと聞くし、信楽のＭＩＨＯミュージアムや、守山の佐川美術館をはじめ、小さくてもそれぞれの特徴を出した美術館ができている。サイクリングで美術館めぐりをやってみてもいいなと思う。

風の道（平成十一年七月）

花折峠越え

「琵琶湖一周」と言っても、湖岸を走るばかりではなく、琵琶湖を取り巻く周辺の山々の麓を走ることもある。

その場合、以前からよく川沿いのコースを取っていた。一つの川沿いの道を上って、行けるところまで上流へ行き、そこから尾根をつたって隣の川の源流へ行き、そこから下りてくるというルートを走る。上りはとてもしんどいが、下りになってしまえばこっちのもので、十分おつりがくるくらいの爽快感が味わえる。

平成十一年七月には、湖西の「花折峠《＊はなおれ》」を越えて、安曇川沿いを下るコースを走った。秘書課のI君とT君の二人が同行してくれ、大津の公舎を朝七時に出発し、西大津付近を経て伊香立《いかだち》へ向かった。

花折峠　大津市、比良山系の西、若狭街道（国道三六七号）にある峠。別名、高坂峠。つづら折りの交通の難所として知られていた。

暑くなるまでにできるだけ距離を稼ごうと、早く出発したが、次第に気温が上昇してくる。平地を走っているうちはさほど暑さも気にならないが、山手へ入り上り坂になってくると、スピードはぐんと落ちてくる。それに反比例して吹き出る汗の量が増え、伊香立の「環来《*もどろき》神社」に着く頃には、皆汗だくになった。

この神社は、昔から出征兵士や旅立つ人が無事帰還を願って訪れることで有名で、以前、海外出張に出かけた時に、この神社のお守りをもらったことがあった。今回も小さな旅だが、無事帰れることをお願いした。

還来神社から進むと、前方を自転車で走る一人の男性に追いついた。彼はゆっくり走っていたので、「お先に」と言って、追い越していった。しかし、本当の困難はそこからだった。

道の傾斜がそれまでとは比べものにならないほどきつくなり、十二段変速機のギアを一番軽くしても、泥沼を歩くように重くなってきた。しかも、ギアを軽くすればするほどスピードは遅くなるから、歩いた

環来神社　大津市伊香立途中町の京都から西近江路（現・国道一六一号）へ出る道筋にある。名が、兵乱や旅などから無事に帰還する「もどろき」を意味し、参詣者も多い。

方が速いようなスピードになってしまうのである。

この道は、京都府への抜け道になっているので、車の通行量は多く、しかも大型車が結構走っている。必死でペダルをこぐすぐそばを、大型車が走り抜けていき、生きた心地がしない。とうとう、あきらめて自転車から降り、歩くことにした。少し悔しく思ったがやむを得ない。先は長いのだから無理もできないとあきらめた。

峠をめざしてひたすら歩くことになると、同行してくれた二人の顔には、「来るんじゃなかった」という顔色がありありと浮かんできている。とくに、今回初挑戦のT君にとっては、いきなり上級者コースへ連れてこられ、大変な思いをしていることだろう。

少し広くなっている場所があったので、三人で汗を拭きながら、言葉もなく、しばらく座り込んでいた。すると、決して若くはない先ほどの男性が自転車に乗ったまま上がってくるではないか。ゆっくりではあるが確実に進んでいる。私たちにニコッと笑いかけて、先へ進んでいってしまった。まさに童話の「ウサギとカメ」そのものの体験をしてしまった。

安曇川渓谷・鯖街道

苦しい坂道を過ぎると、ようやくトンネルが見えてきた。同時に心なしか傾斜も緩くなったように思え、再び自転車に乗り、一目散にトンネルを目指した。

このトンネルは、昭和五十年に完成した「花折《はなおれ》トンネル」で、以前は山中をくねくね曲がりながら通る旧道を通って峠を越えなければならなかったのが、このトンネルができて通行には便利になった。

ここを通るとき、三橋節子*さんが、この地の伝説をモチーフにした画を書かれていたことを思い出した。確か、二人の花売り娘の葛藤にまつわる話で、一人が急流に呑まれて死ぬところを花が折れて身代わりになるという、この地名の由来が折り込まれた話だ。また、叡山の行者が、樒《しきみ》の枝をここで採ることから「花折れ」の名が付いたとも言われている。

三橋節子　一九四〇〜七五　日本画家。結婚を機に大津市の長等《ながら》山の麓に移り住み、地域の自然や歴史を題材にした作品を製作。鎖骨腫瘍《しゅよう》によって右腕を切断するが、以後も左手で「花折峠」「三井の晩鐘」などの代表作を描いた。大津市の長等創作展示館に併設して三橋節子美術館が開館している。

何気なく通っている路や峠にはそれぞれ、深く刻まれた歴史や言い伝えが残っていることも、滋賀の大きな文化遺産である。

トンネルを抜けると、待ちに待った下り坂になり、風を切って突っ走ると、これまでの苦労が汗と一緒に吹き飛ぶような感じがしてくる。帽子を吹き飛ばされないように反対向けに被り直し、上体を少しかがめて空気抵抗を少なくして、山々の緑の中に突っ込んでいった。

この国道三六七号は、元の旧道は安曇川に沿って通っているが、今は新道ができている。車の通行量が多いので、途中から旧道に入ることにした。

かつて、小浜から塩漬にした鯖が京都まで、この道を通って運ばれたことで、別名「鯖街道」とも呼ばれている。県内でも最も山間部の地帯だが、自然の豊かな資源を活用し、また鯖街道の面影を残しながらのまちづくりが展開されている。

安曇川渓谷は釣りのメッカとして賑わいがあり、森林資源の多い朽木村では、*朽木いきものふれあいの里を中心とした自然観察が定期的

*朽木いきものふれあいの里　高島郡朽木村柏《かせ》に所在。平成四年（一九九二）、蛇谷ヶ峰の麓に広がる一帯に県営の自然体験施設としてオープン。観察会や教室が数多く開催され、県内外から多くの参加者を集めている。

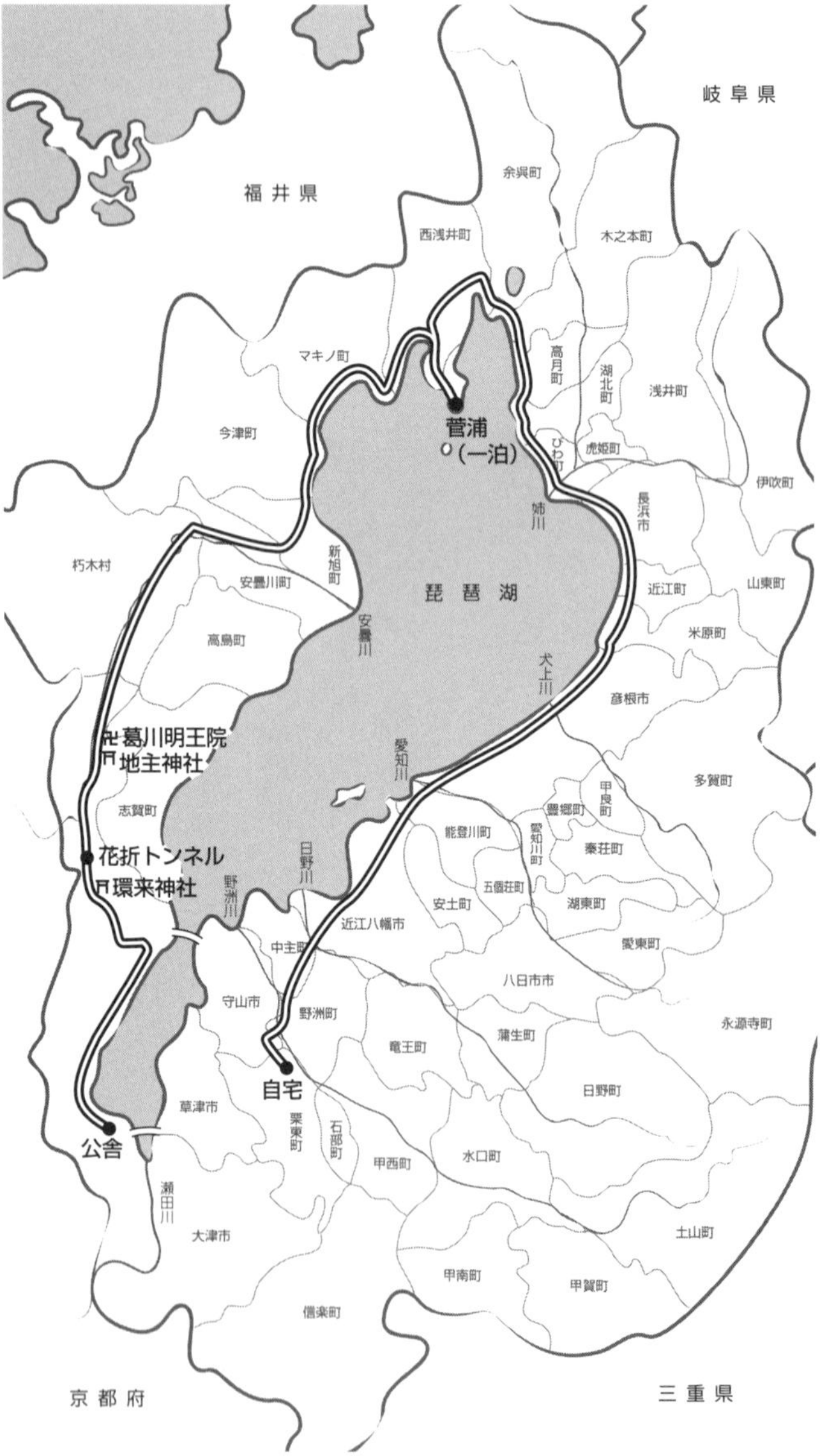
岐阜県
福井県
余呉町
西浅井町
木之本町
マキノ町
高月町
湖北町
浅井町
菅浦
(一泊)
今津町
びわ町
虎姫町
伊吹町
長浜市
姉川
新旭町
朽木村
安曇川町
琵琶湖
近江町
山東町
安曇川
高島町
米原町
犬上川
彦根市
葛川明王院
地主神社
愛知川
多賀町
甲良町
豊郷町
志賀町
能登川町
愛知川町
秦荘町
花折トンネル
日野川
環来神社
野洲川
五個荘町
安土町
湖東町
近江八幡市
中主町
愛東町
八日市市
守山市
野洲町
永源寺町
蒲生町
竜王町
自宅
日野町
草津市
公舎
栗東町
石部町
甲西町
水口町
瀬田川
大津市
土山町
甲南町
甲賀町
信楽町
京都府
三重県

に開催され、京都や大阪から訪れる人が多くなってきている。

葛川参籠《かつらがわさんろう》で有名な葛川明王院《みょうおういん》*の入り口付近の坊村には、飲食できる店もあり昼食をとることにした。まず生ビールを一杯。とんでもなくうまい。他の客を見ると、みんなサイクリングのグループだ。こういう楽しみを持っている人も結構多いんだなと改めて思った。

食後は、近くの地主神社の拝殿でしばらく昼寝をしていくことにした。夏のサイクリング途中の休憩場所としては神社の拝殿が最高だ。樹木の陰があり、高床で風通しが良い。昼寝の場所としてはとても気持ちがいい。昼食のビールの酔いざましと疲労回復を兼ねて、一時間くらい寝ころんだ。

拝殿で昼寝をするなど、本当はとんでもないことかも知れないが、なんとも贅沢な気分になれる。

全国でも国宝・重要文化財が多い滋賀県では、山あいにひっそりと佇む御堂や石塔が大変重要な文化財であることがよくある。湖北の観音様をはじめ、多くの文化遺産が地域の人々によって守られているこ

葛川明王院　大津市葛川坊村町にある天台宗の寺院。貞観元年（八五九）延暦寺の僧相応が滝からひきあげた霊木に不動明王を刻み安置したのが始まり。天台修験の一つ、回峰行の道場として発展し、葛川参籠はよく知られている。

ともまた近江の魅力のひとつとなっているようだ。

さすがに、深い森に包まれた社での昼寝は、充分な休息を与えてくれ、身も、心も軽くなり再び先を急いだ。

にぎわいの道（平成十二年五月）

クリーンエネルギーとごみの散乱

平成十二年のゴールデンウィークは五連休となり、幸いにもこの間、何も公務は予定されていなかった。かつてはこの時期にはいつも田植えをしていたのだが、知事になってからは、人に頼んで米を作ってもらっているので連休に田植えもしなくてすむ。しかしこの年は、久しぶりに自分で田植えをすることにした。「菜の花エコ・プロジェクト」で作ったバイオディーゼル燃料で自分のトラクターを動かしてみたかったからだ。

したがってサイクリングの方は、前半の三日間、「滋賀県バイコロジーをすすめる会」*の琵琶湖一周にあわせて行うことにした。

「滋賀県バイコロジーをすすめる会」は、県内外から参加者を募り、

バイコロジー　bikecology　バイク（bike=自転車）とエコロジー（ecology）の合成語。一九七一年にアメリカで提唱された自転車を利用することで、自動車の排気ガスによる大気汚染などの公害を防止しようという市民運動のこと。日本では、昭和四十七年（一九七二）に自転車関係団体などを中心に「バイコロジーをすすめる会」が設立され、地方組織として、ほぼ全都道府県に「すすめる会」もしくは「推進協議会」が誕生している。

滋賀県バイコロジーをすすめる会　県内の自転車愛好家らによって組織されており、県庁内に事務局を置き、琵琶湖一周サイクリングなどを主催している。

年に一回、琵琶湖一周を続けている。すでに十五回目になるということで、案内をいただいていた。大勢の人と走るのも楽しいだろうと思い、一部の行程を一緒に走ることにした。

出発地点の彦根に向かう途中、湖東町で行われる「*ソーラーカーレース」に立ち寄ることにした。化石燃料に代わるエネルギーとして、風力や地熱などいろんなクリーンエネルギーが研究されているが、その一つとして太陽熱は大きな期待が持たれている。

例によってI君とT君とともに大津を出た。途中、湖周道路を走ったが、道端に落ちているごみがやたら目についた。車での移動の時はあまり気がつかないが、自転車で走るといつもごみが散乱していると感じる。しかし、その日は特に多かったように思えた。

「環境こだわり県」を掲げ、観光にも力を入れていこうと言っている以上、そういう光景を目の当たりにすることは本当に残念だ。そして恥ずかしいことだ。平成四年に「*滋賀県ごみの散乱防止に関する条例」いわゆる「クリーン条例」ができ、毎年、五月三十日の「ごみゼロの

ソーラーカーレース　ソーラーカーは、太陽電池を積んで、太陽光を利用して走る低公害かつ省エネルギーの最も理想的な自動車。大会の正式名称は「湖国ソーラーカー・EVカーフェスタin湖東」で、平成十二年（二〇〇〇）五月三〜四日、愛知郡湖東町で第一回が開催された。ソーラーカーによる連続十二時間耐久レースをメインに、代替燃料で動く次世代自動車の展示や試走が行われた。

日」や七月一日の「びわ湖の日」*などに、県下一斉の清掃をしてもらっているにもかかわらず、この問題は解決していない。県民だけではなく他県からの人々のゴミも持ち込まれているが、何とかしなければ、という思いでいっぱいだった。

大津を出てから約六時間、途中何度かの休憩を挟んで、湖東町のレース会場に着いた。「ソーラーバイシクル」のレースの決勝が始まるというときだった。

さまざまな工夫をこらした太陽自転車が、スタートを待っている。見るだけのつもりで立ち寄ったのだが、スタートの旗を振らせてもらうことになった。

スタートと同時に、各自転車は勢いよく走り出した。太陽エネルギーのこと、スピードはないだろうと思っていたのだが、予想に反して、かなりのスピードで各車競い合っている。ソーラーエネルギーにも、充分に期待できることを実感した。こんな自転車があれば、琵琶

滋賀県ごみの散乱防止に関する条例　通称「クリーン条例」。美観の保持と水質保全に努め、快適でさわやかな県土をつくるために、平成四年（一九九二）に制定された。同条例に基づいて「ごみゼロの日（五月三十日）」を中心に、県下一斉に県民が参加して清掃美化活動を行っている。

びわ湖の日　毎年七月一日。県民および事業者の間に広く環境の保全についての理解と認識を深め、環境保全に関する活動への参加意欲を高めることを目的として、環境基本条例で定められた。

湖一周もおそらく楽にできることだろう。

レース後には、実際にソーラーカーに試乗させてもらったが、遊園地によくあるゴーカートのような外見でありながら、ソーラーエンジンのため、非常に静かに走る。四〇センチほどある電池のおばけみたいなのがついており、そこに電気を蓄えているのだそうだ。

私は車の免許は持っていないのだが、それでも何とか運転してコースを一周することができた。低公害で資源有効活用ができる新エネルギーの体験だった。

会場を後にして、彦根までの途中、宇曽川沿いにつくられているサイクリングロードを通った。各地につくられた自転車専用道も効果的な運用が十分ではないが、こうした道路は、自転車を愛する人を増やすことだろう。

バイコロジーをすすめる会

夕方六時半、宿泊地の彦根のホテルに着いた。ホテルでは、「バイコロジーをすすめる会」の人たちの、出発前夜のレセプションが行われていた。

今回の参加者は八十名で、その八割が県外からである。遠くは北海道や熊本から来られており、琵琶湖の周りを走るということに大きな興味がもたれていると聞き、うれしくなった。

同じサイクリング愛好者の集まりのせいか、みなさんそれぞれに、楽しい思い出や興味深い経験談に花が咲き、予定されていた時間はあっという間に過ぎてしまった。

翌日、朝食を済ませて外に出ると、みんな既に勢ぞろいし、タイヤの空気を入れたり、準備体操をしたり、思い思いに準備を始めていた。テレビの取材もあり、インタビューに答えると間もなく、出発だ。人数が多いので、十人ずつくらいのグループをつくり、間をあけてスタートした。

普段私が走っているのと比べるとかなりゆっくりしたペースだったが、その分、のんびりと周りの人と話をしながら走ることができた。

彦根から米原を経て長浜へと、快適な湖岸道路のサイクリングを楽しめたが、大勢の移動のために、スタッフはたいへんだ。事故防止のために交差点や道を横断するような要所、要所には誰かが立っている。さらに念がいったことに、先回りして道路の小石やガラスを取り除いてくれていた。

長浜城と湖北野鳥センターで休憩し、木之本町の飯浦で昼食をとった。

このまま、一緒に行動したい気持ちはやまやまだったが、ここで「バイコロジーをすすめる会」の人たちとは別れ、違うルートをとった。

祭りを守る地域の絆

その日は新旭町の旅館で泊まり、翌日、ゴールである栗東の自宅に向かう途中で、「是非とも立ち寄ってほしい」と言われていた、「すし切り祭り」が行われる守山市*下新川《しもにいかわ》神社を訪れた。

この祭りは、神社の境内で*鮒《ふな》ずしを派手な振り付けで切るという珍

下新川神社　守山市幸津川《さづかわ》町に所在。野洲郡野洲町野洲にある新川神社とともに、野洲川の河川神をまつった神社と考えられている。すし切り祭りで、すし切りの儀式がすむと行われる「かんこの舞い」と呼ばれる長刀踊りは、県無形民俗文化財に指定されている。

鮒ずし　塩漬けにしたニゴロブナとご飯を桶に詰め、自然発酵させてつくる「なれずし」の一種。その名は、『延喜式』にもみえ、古い起源をもつ。チーズに似た独特の匂いが特徴で、滋賀県を代表する食品として全国に知られる。

しい祭りで、真魚箸《まなはし》の神事と呼ばれている。

祭りが始まると、裃《かみしも》を着けた二人の若者が、鮒ずしをのせたまな板を頭の高さまでうやうやしく差し上げて、そろりそろりと入ってきた。先輩と思われる人たちがずらりと並ぶその前で、鮒ずしを切る儀式が始まった。ただ切るのではなく、一回、一回、包丁を持つ手を後ろから大きく振りかざし、動作が行われるたびに、前に並んだ人たちから、声援や激励がとぶ。二人は緊張と暑さで汗びっしょりになって、何十回もその動作を続けていた。

切り終わると、来賓に大きなお椀の御神酒がふるまわれる。これは弱ったなと思ったのだが、断ることもできず、何とかその場をしのいで、神社を後にしてゴールをめざした。

その日は各地で祭りが行われている日だったので、途中に何度か御輿の列に出会った。そのたびに
「ちょっと一杯飲んでってくれ」

と勧められるのだが、「自転車やから飲酒運転になってしまいますが

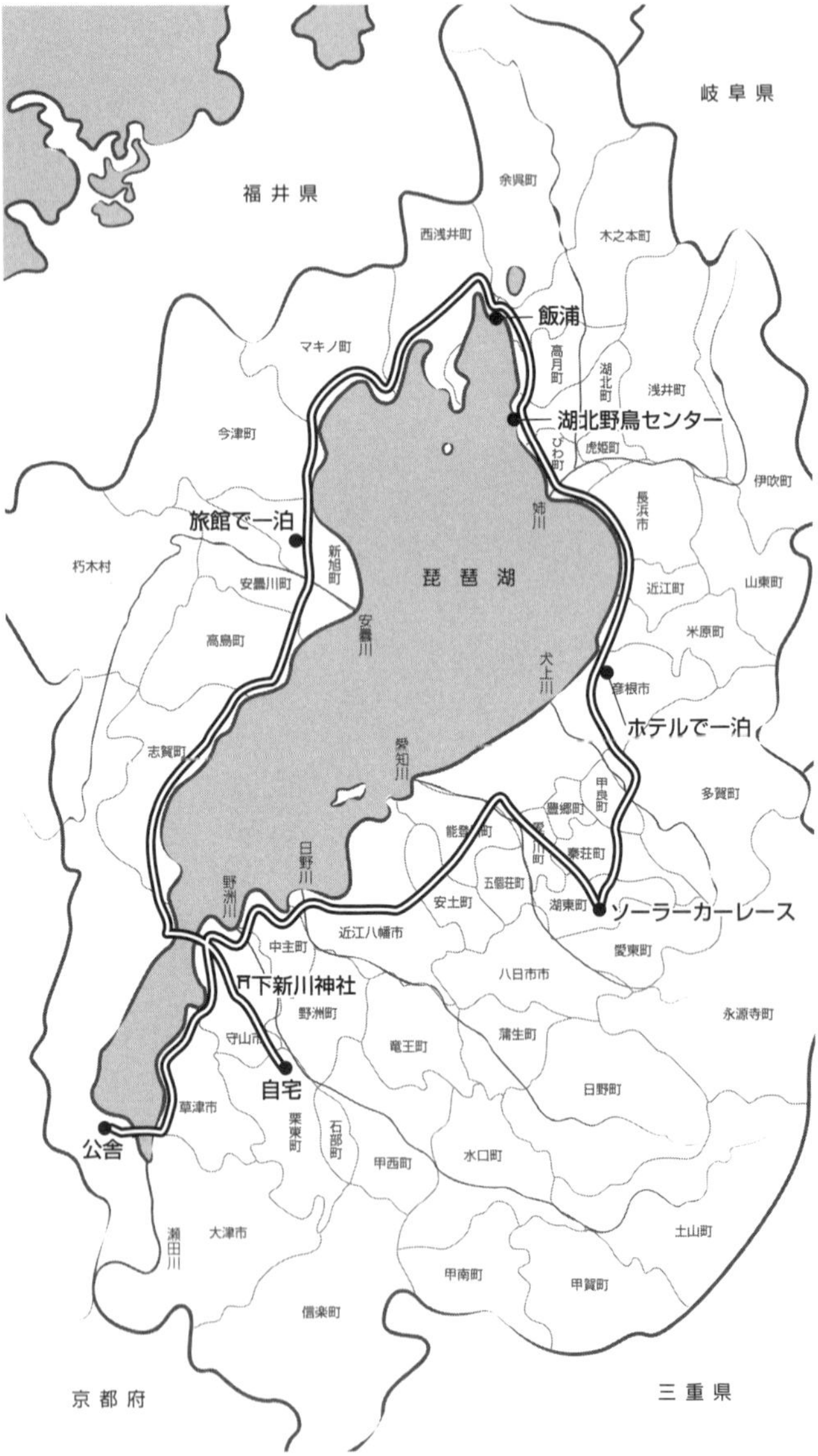
岐阜県
福井県
余呉町
西浅井町
木之本町
飯浦
マキノ町
高月町
湖北町
浅井町
湖北野鳥センター
今津町
びわ町
虎姫町
伊吹町
長浜市
姉川
旅館で一泊
新旭町
朽木村
安曇川町
琵琶湖
近江町
山東町
安曇川
米原町
高島町
犬上川
彦根市
ホテルで一泊
志賀町
愛知川
甲良町
多賀町
豊郷町
能登川町
愛知川町
秦荘町
日野川
野洲川
五個荘町
安土町
湖東町
ソーラーカーレース
近江八幡市
中主町
愛東町
八日市市
下新川神社
野洲町
永源寺町
守山市
竜王町
蒲生町
自宅
日野町
草津市
栗東町
石部町
公舎
甲西町
水口町
瀬田川
大津市
土山町
甲南町
甲賀町
信楽町
京都府
三重県

な」と言って丁重に辞退した。

　最近は、若者が出ていってしまい、祭りを維持するのが難しくなっている所があると聞いていたが、伝統の祭りを守る熱気が感じられ、昔ながらの地域の「絆」が大切にされていることを肌で感じさせてもらったサイクリング最終日だった。

サイクリングは長く遠く

自転車での琵琶湖一周を、いつまで続けられるかはわからないが、コースを工夫したり、さまざまな趣向をこらしながら、体力と気力の続く限りチャレンジしてみたいと思っている。

現在、六十三歳、元気な高齢者が多くおられる昨今では、まだまだかけ出しの部類かもしれない。「バイコロジーをすすめる会」の方に紹介いただいた山田栄さんは、八十八歳であるが、自転車で日本中はもとより、海外にまで出かけて走っておられるとのことだ。山田さんは、七十三歳のときに、「すすめる会」の第一回の琵琶湖一周に参加されて以来、自転車の魅力にとりつかれて十五年間、北海道から沖縄まで全国津々浦々を走って回られている。さらに、オーストラリアやヨーロッパまで出かけてサイクリングを楽しんでおられる。

私が参加したちょうどこの時は、ボストンで行われたサイクルマラソンに参加されていたという。昼間は走り続け、夜は宿で一緒になった若者と話をしたり、ノートにその日の記録をつけたりしていると「忙しくて、歳をとる暇もない」とお話しされている。もう脱帽だ。

ふと先日お亡くなりになった*小倉遊亀《おぐらゆき》さんが、あるインタビューに「老人にだけはなりたくないですね」とおっしゃっていたのを思い出した。既に百歳を超えておられた画伯の気迫と若々しさがみなぎるすごい言葉だった。

小倉遊亀　一八九五～二〇〇一　日本画家。滋賀県大津市の生まれ。大胆でおおらかな画面構成のうちに明るくさわやかな画風の作品を発表し、現代日本画を代表する一人となる。文化勲章受章。

第二章　私の地方政府論

～滋賀を舞台に四つの実験～

◀滋賀県庁

平成十一年および平成十二年内外情勢調査会講演をもとに再構成

地方主権の時代

地方がおもしろくなってきた

県政の真ん中に身をおいて日本や世界を、そして今という時代を見ていると、本当に地方がおもしろくなってきていることを実感する。

その要因の一つはやはり、二十世紀から二十一世紀への節目の年に地方分権が本格的にスタートしたことである。

もう一つは、このことが同時に地方間の競争を加速させているからだ。

この二つのことはとても大事に受け止めたい。

分権、分権と言われるが、これは中央（つまり国）の集権に対して地方にという意味であるので、本来は「地方主権」とでも言うべきではないだろうか。いままでは、中央が中心、主権は中央になっていたものを、これからは地方が中心になる時代だということを明確に打ち出すべきなのである。

これまでは、中央で法律が決められ、予算が決められ、そして地方はそれを下請けする、分担をする、ということで進んできた。特に都道府県の仕事の八割がそうであった。

しかし、もはや中央の指示に従うだけではどうにもならない状況になったのだ。国がすべてのことを決めていては、人々の生活や地域はよくならないということがはっきりしてきたのである。日本は明治維新以来、欧米へのキャッチアップを合言葉に、国力を強め経済を発展させることにまい進してきた。しかしそれは、もはや時代の間尺に合わなくなってきている。立て直しは政治経済、産業、暮らしなどあらゆる面で構造的改革にかからねばならない。改革の基礎となるのは、一人ひとりの生活者がつくるコミュニティであり、その集合体としての自治体である。つまり自治体が国の再生のカギを握るのである。

地方が主権を持つ。その代わりに責任も持つということである。しかもそのことは地方間の競争だということでもある。これはある意味ですごく恐ろしいことだ。いままでは国が決めたことを実施していればよかったので、困ったら国に相談すればよいということだった。責任も国がとってくれる。まさに地方の立場は、「霞ケ関」という親から仕送りをもらっている学生のような身分だった。しかし、これからは地方行政も一人前の社会人、自分の才覚で地方の経営を行っていかなければならなくなったのである。

個性とデモクラシーとアイデアの競争

では、そのことを受けてどうするのか。この地方間競争の時代の本質は、地方それぞれの個性の競争であると私は考えている。そして、地域の個性の要素として、まず個性の中身にしっかりした価値があること、そして、外に向かって競争に勝てるパワー、力があること、さらにそれにスピードがなくてはいけないと思う。のらりくらりではいけない。まさに、その三つのことが問われているのである。

そして、いかにいい個性であっても、それに住民の自治が働いていなければ本物ではない。そういう意味で「デモクラシー」の競争でもある。

個性の競争は、またアイデアの競争でもある。どの地域にも世界や日本全国で通用するオンリーワンや、ベストワンは必ずあるはずだ。要はアイデアをどう出して、どう実現していくか。そのことを考えると本当に刺激的な時代のなかにいると感じる。

地方主権の時代は、今までのような国に対する甘えはできなくなり、行政としては大変な時代である。しかし、国の縛りが弱まった分、滋賀の個性を発揮した分権社会をつくっていける絶好のチャンス到来ともいえる。

このチャンスを生かし、しっかりとした分権社会の基礎を固めるには、二つのことが私は大切だと考えている。

一つは、お仕着せの分権ではいけないということである。現在の分権論議は正確に言うと地方自身から起こったものではなく、あくまで中央主導、総務省（旧自治省）主導ではじまった。それまでも全国知事会をはじめ、関係諸団体が地方分権の実現を要望してきたが、霞ヶ関の厚い壁に阻まれて実現しなかった。

そして、分権は県民の皆さんの生活に直接関わる問題でもあるだけに、その進め方や効果がはっきりと見える形でやっていかなければならない。国から県へ、県から市町村へというような、単なる官から官への権限移転では意味がない。だから分権することの意味やメリットとデメリットをはっきり示し、みんなで議論できる場をできる限り提供したいと考えている。

また、地方分権の受け皿として、今、熱心な議論がなされているのが市町村合併の論議である。これは、二十一世紀の自治の姿そのものを決めることでもある。これだけ生活圏が広がり、複数の市町村にまたがる問題が出てくると、現在の市町村の枠組みのままでは早晩行き詰まりが出てくると心配される。

市町村が本格的な地方分権を主体的に担って、より質の高い住民サービスを提供していくためには、広域行政や市町村合併をも視野に入れた体制の整備が必要であろうと思うのである。

結果以上に大切な議論の輪

少々乱暴な言い方をすると、その議論の結論は県にとってはどういうものであってもよいと思う。今、自らの町の将来の姿について議論をしていただくことに意義がある。今後も、それぞれの市町村がこのままでいくのか、さらに充実する必要はないのかどうか、真剣に議論していただきたい。その選択肢の一つにぜひ合併というテーマを真剣に考えていただきたい。その選択は、合併しないもよし、するもよし。しかし今のままで本当にいいのだろうかということについては、徹底的にご議論いただきたい。

また、県としても庁内の分権化をすすめる。今年の四月からは、これまでの県事務所、健康福祉事務所、土木事務所を統合して地域振興局をつくった。これを私は「ミニ県庁」と呼んでいる。これはもちろん市町村合併をサポートすると同時に、県民の皆さんのより近いところで県政を考え、実行していくシステムをつくりたかったのである。その意味では、地域振興局は市町村合併ができあがった暁には消滅する運命にあるのかもしれない。

分権の三要素

さて、分権の要素として重要になるのは「財源」「権限」「人材」の三要素であろうと思う。まず、財源については、税金に関して言えば、国が六割を集めて地方が四割を集めているが、使う方は反対に地方が六割で国が四割である。なぜ仕事をする地方に直接財源が回ってこないのか、素朴な疑問としておかしいのである。

こういうところは是正しなければならない。自分たちの支払った税金が、何に使われているかがわかることが地方分権を身近なものにし、分権意識の醸成につながる。だから財源に関して言えば、まず消費税を全額地方税にするといった発想の転換が必要だろう。

次に権限であるが、国の縦割り行政は想像以上に強固である。国の省庁再編より三、四年、先駆ける格好で、滋賀県では琵琶湖の保全に関係する部局を集めて「琵琶湖環境部」という部をつくった。従来の環境部門と琵琶湖に関係する土木、農林、企画部門を統合したわけだ。このときは国から相当の圧力がかかったが、最後には国が折れた。その経験からも、「地方のことは地方で決める」、その意志をしっかり持つことが大切だろうと思っている。

三要素の最後は、人材である。何事もそうであるが、最後はそれを支える人間にかかってくる。分権社会は、個性を競う時代であると同時に、県政の主役は県民であるということを、いかに県政システムに明瞭に位置づけることができるか、まさにそれが問われる。

市町村との職員の交流なども活発にし、県民の目線で仕事をする「現場主義」を徹底させていく。地方主権の時代の人材の問題は、究極的には、自治体のトップにある。私はそのことを深く肝に銘じ、使命にこたえねばならないと思っている。

P・Q・C・Sで行政改革

地方主権（分権）と歩調を合わせる形で私は県政の行政改革を四つのキーワードで進めようと言っている。

一つには、言うまでもないがチープ・ガバメント*の徹底である。いわゆる行政コストを削減したいということだ。

二つには、パートナーシップ*というものを大事にしたいということである。県民の皆さんと行政とのパートナーシップをきっちりと構築することが行政改革そのものだという考え方である。

それから三つには、限りなく行政のサービスの質（クオリティ*）を

チープ・ガバメント　直訳すれば「安上がりの政府」。簡素で効率のよい政府のこと。本来の意味は、国民の租税負担を低くおさえて運営する政府のあり方。

パートナーシップ　partnership　協力関係。共同。提携。

クオリティ　quality　品質。quantity（量）に対する語として。

高めようということである。職員に呼びかけているのは、滋賀県は少なくともベストか、オンリーを求めていこうということだ。環境、福祉、経済、文化、それぞれの分野でベスト何々に入る、またはオンリーワンになる。そこに質を求めていこうじゃないかということを言っている。

このチープ・ガバメント（C）、パートナーシップ（P）、クオリティ（Q）ということに併せて、スピード（S）がある。いままでスピードについて軽くみてきたことを、反省している。

P（パートナーシップ）では、情報公開が重要である。

行政情報は県民の共有財産であるという考え方に立って、これまでの結果の公開だけではなく、政策のできるプロセスの公開を徹底的に行うことが大切であると思っている。

そこで、情報公開条例を全面的に改正するとともに、施策評価システムに外部委員による評価制度をいち早く取り入れた。さらに、滋賀県民政策コメント制度、いわゆるパブリックコメント*を日本で初めて

パブリックコメント　国の行政が、規制を行うための政令、省令などを定めるときに、その案を公表し、一般からコメントを求める制度。日本では、平成十一年（一九九九）三月に閣議決定がされ「規制の設定または改廃」の際の意見提出手続が義務づけられられ、同年四月から運用が行なわれている。

実行することを条例に盛り込んだ。

これは、政策の案を作成する段階から広報紙やインターネット、公聴会などを通じて情報公開し、県民の皆さんの意見や提言を反映する形で成案をつくっていくという制度である。

県民主役の県政へ

私は知事に就任するに際して二つのことを考えた。

一つは県民の皆さんから託されたこれからの四年間は、二十世紀から二十一世紀への橋渡しとなる時期であること。と同時に少子高齢化やグローバル化の進展、さらにＩＴ革命によって、社会構造が急激に変わりつつあるなど、世の中のさまざまな分野で大転換が起こっている。まさに時代の大きな節目に立っているということだ。

もう一つは、こういう時代だからこそ公約に掲げた「県民主役の県政」を実現するために、この四年間は失敗を恐れず何事にも大胆にチャレンジしていく気概を持つこと。いま、この考えを実行中である。

私たちは新しい世紀を迎えた。この節目には多くの意味が含まれているように思う。二十世紀を総括して多くの識者がいろいろな表現をしているが、私なりに考えてみると、二十世紀、とくに後半は科学技術の進歩を背景にした効率優先、もの優先の社会、そして心の面では自己中心主義の二十世紀だったように思う。

そしてその結果、大量生産、大量消費、大量廃棄というシステムによって資源の枯渇と環境破壊などを生み出した。そして、同時に人々の心も何かとげとげしいものになってきた。

そういった反省から、二十一世紀はゆとりや癒しという言葉で表現されるように、人を思いやる、いたわるといったやさしい心や人間本来の生き方を自分自身に問いかける、心豊かな世紀にしなければならない。私たちのライフスタイルや考え方自体を大きく変え、そうした流れをつくっていかなければならないと思うのである。

滋賀のテーマは世界のテーマ

二十一世紀は「環境の世紀」と言われているが、琵琶湖の水質をどう回復するか、そこに生息する動植物の環境をどう守っていくのか、またごみのない県土をどうつくっていくのか、滋賀県の課題やテーマがそのまま世界のテーマにもなっている。

「Think globally, Act locally」*という言葉がある。世界的視野で考え、行動は足元からはじめようというものであるが、皆さんの行動や滋賀県の取り組みが、この分野では間違いなしに世界とダイレクトにつながっているのである。

本格的な地方の時代の幕が開いた。明治維新、戦後改革に次ぐ第三

think globally,act locally　イギリスのバーバラ・ウォードが使い広めた表現。アメリカの環境保護庁が一九九〇年のアース・デイの標語にこの言葉を使い、日本では九〇年版の「環境白書」のサブ・テーマにこの標語が使われ有名になった。地域的な狭い損得勘定から行動せず、世界的な視野に立って判断したうえで、それぞれの地域で地に足のついた行動を進めることが大切であるという意味。

の改革とまでいわれている。今までは、国が法律を作り予算を作って地方が下請けをする形で行政の仕事が進められてきたが、これからは地方が自ら考えて決め、責任を持つという時代になった。

県民主役の県政を実現するには、まさにやり甲斐のあるおもしろい時代になった。また、少子高齢化に対応するため介護保険制度がスタートした。これは今までの税金でまかなう福祉を、みんなの保険料でまかなう福祉に変えていこうというもので、市町村が事業の主体となる。介護保険がまさに「地方分権の試金石」といわれるゆえんである。

さらにNPO法*が創設されて県民の皆さんのさまざまな活動がますます社会性を持つようになった。これらは行政だけでなく県民の皆さんの生活に密接に関わる問題であり、どれ一つとってみても二十一世紀の日本にとって避けて通れない重要なテーマである。

このように時代が大きく変革するなかにあって、私は「四つの実験」に取り組んでいきたいと言っている。

NPO法　平成十年（一九九八）三月に成立した「特定非営利活動促進法」の通称。同年十二月に施行。多くのNPOが任意団体だが、それまでの公益法人制度と社会福祉法人制度などにはかなり厳しい条件が必要で、法人格の取得が難しかった。同法は、任意団体でも容易に取得できる法人制度をつくるために設けられたもの。

四つの実験

なぜ実験なのか

役所の施策なりサービスなりが「実験」であってはならない、というのがこれまでの考え方だった。まったくその通りで、県民の皆さんや県政がいちいち実験に使われたのでは、たまったものではない。それでもあえて私が実験という言葉を使うのは、私なりの思いがあるからだ。

今日のように日本がこんなに素晴らしく発展してきたのには、一つ大きな理由があったと思う。たとえば世界一長生きする国をつくった。いま国連に加盟している国は一九〇余りあるが、その中で日本は女も男も世界一長生きする国になった。

しかも、それは今年だけではなくて、十年ほど前からそういう国になっている。それも今後三年や五年では決して揺るがないほど突出した世界一の長寿国なのである。そして、戦後の混乱の中から、G８の一角を占めるまでの国になった。世界の機関車になったと言っていいのだが、これには一つの理由があったと思う。

つまり、日本には絶えず手本があった。その手本を見ながら、同時に手本に満足しないで、そこにプラスアルファの日本らしさを加えて、巧みにそれを実践してきた。まず最初に手本にしたのは中国である。その象徴が漢字であるし、都市づくりの原形を中国の都市に学んだのである。

そして明治維新になると、近代化を推進するために、ヨーロッパの国々を手本にした。それはヨーロッパの科学であり、産業であり、学術であり、法律であり、さまざまなものをフルに学んだのである。現に日本の政府の要人が足を運んだり、あるいはヨーロッパの人々をスタッフに迎えたりして近代化をすすめてきた。

次は戦争に負けたとき、何はともあれアメリカから学ぼうということで、徹底してアメリカを手本にして今日のわが国をつくってきた。

しかし、今、日本にはもはや世界に手本がないということになった。それは言ってみれば日本自身が手本にならなければならない、手本をつくらなければいけない立場にたたされているということだと思う。

今までのようにどこかに手本があるという発想自体を変えなければならない時期になったのである。日本がモデルをつくっていくためには、これからはすべてのものについて、あえて自らが実験台になってでも一つの手本をつくるんだという気構え、姿勢がきわめて大事なのではないだろうか。そんな思いがあり、それなら滋賀県は四つのことに、とことんこだわって地域づくりを進めてみてはどうかと考えたのである。

環境の実験~環境こだわり県づくり~

宇宙船びわこ号

その一つが環境にこだわるという「環境の実験~環境こだわり県づくり~」である。

言うまでもないが、琵琶湖があることがその最たる理由だ。琵琶湖は日本で一番大きい湖であり、近畿一四〇〇万人の人々の水源であるというのはもちろんだが、それだけが琵琶湖の価値ではない。滋賀県は琵琶湖の周りに一三四万人の人間が住んでいる。しかもそこで住んでいる人間が朝、昼、晩の生活に使った水が全部琵琶湖に流れ込んで、またその水を飲まなければいけないというのが現状である。あるいは県民の生活だけではなくて、農業も工業も観光も含めて、あらゆる活動の姿が水を通して琵琶湖に映し出される。

山の尾根に沿ってずっと線を引っ張ると都道府県境になるという県は四十七都道府県でも滋賀県と山梨県ぐらいだ。この近江盆地が二つの県に分かれると、知事が二人いて、琵琶湖の水はあっちが汚した、こっちが汚したという話になるのだが、ここの場合知事は一人だから、はっきりしていてわかりやすいのである。

人類というのは皆、川のそばや海のそばに町をつくり、社会をつくってきたが、湖のそばにこんなに人間が集まって住み、産業を発達させてきた湖は世界でも他にあまり例がないという。

滋賀県は琵琶湖を中心に平野があり周囲に山が張りめぐらされており、まさに一つの小さな宇宙を形成している。私はこの特異な位置関係を見ていると、つくづく宇宙船のようにも思える。この宇宙船でさまざまな実験を積み重ねながら、真の人間の生き方を探っていくことができる素晴らしい空間に思えるのだ。

そういう意味で、この滋賀という小宇宙を「宇宙船びわこ号」と呼んでみたい。そこの乗組員はもちろん一三四万県民である。そして、県内のすべての企業であり、県や市町村という自治体であり、大学である。そこで、この特異なフィールドを生かして自然と人間との共存、共生を考えた二十一世紀型のライフスタイルや産業、そして社会の仕組みを創造する実験を徹底してやってみたいと思う。

琵琶湖の周りが山に囲まれていることは、環境の面から見ると加害者と被害者がはっきり同じだという点、しかも産業構造や人口構造、さらに都市構造からいっても、象徴的な人間社会をコンパクトにつくっているという点は大変興味深いものがある。その上、ちょうど滋賀県の十倍の人間が京都、大阪、兵庫でこの水を飲まなければいけないという運命。これが逆に、滋賀県に一三〇〇万人が住んでいて、京都と大阪と兵庫にわずか一三四万人だったら、様相が大分違うと思う。しかし、滋賀県の人間の十倍の人が下流に住んでいて、この水を飲まなければいけないという運命は、きわめて重要な構図であると思う。

マザーレイク21計画

琵琶湖の保全は滋賀県だけではとても手に負えないということがある。下流の皆さんにも呼びかけながら、また国の協力も得ながらぜひ成功させたいと思っている。いずれにしても、自然と人間の共生を考える場合、問題の構造がこんなにわかりやすい場所は、世界でもあまりない。その意味でもこれは、国家的プロジェクトとして位置づけるにふさわしい壮大な実験だと思う。

国土庁（現国土交通省）をはじめ、環境庁（現環境省）や農林水産省など六省庁により、平成九年、十年と二年間かかって三十人を超える専門の学者の研究会を中心に調査がされた。

この調査の結果をもとに県では二〇二〇年までに琵琶湖の水質を昭和四十年代前半の水質に戻そう、そして二〇五〇年までに昭和三十年代の状態にまで戻そうという計画をつくった。

この計画の柱は、琵琶湖の水質を良くするには、そこに流れ込む河川をきれいにしていこう。そして、川を大事にすると同時に山や緑を大事にしようという計画である。

さらに、水辺空間の役割というのが大変重要だということがわかったので、例えば、これまでいくつも水辺や内湖を埋めて田んぼや道路にしてきたが、できたら少しでも元に戻せるものは戻そうではないか。あるいはその機能を再生させたり、向上させるようなことまで含めて取り組みを進めたいと考えている。

この計画を「マザーレイク21計画」と名付けた。まさに母なる湖・琵琶湖を取り戻すための壮大な実験の始まりだと思っている。

里帰り第九回世界湖沼会議

今年（二〇〇一年）は十一月に滋賀県で第九回世界湖沼会議*を開催する。これは滋賀県が生んだ会議であり、湖を守ろうと、世界のみんなが英知を結集するために開かれているものだ。今回は十七年ぶりの里帰り会議ということになるので、切りの良い第十回がいいような気もしたが、あえて、二〇〇一年の第九回を選んだ。

これは、環境の世紀と言われている二十一世紀の元年の二〇〇一年に、もう一度世界湖沼会議を開催し、滋賀から環境の世紀をスタートさせたいという思いを込めている。

徹底して二十世紀を反省し、二十一世紀を展望しよう。そして、それぞれいままで取り組んできた湖沼保全の失敗例や成功例、さらにさまざまなアイデアも持ち寄っていただこうということである。

この会議には、ぜひNGOや市民の皆さんにも正式に加わっていただいて、本格的な議論ができるようにしようと思っている。当初は、

世界湖沼会議 世界中の湖沼の環境問題について科学者、行政担当者、住民らが話し合う国際会議。滋賀県の呼びかけで昭和五十九年（一九八四）に第一回が大津市で開催され、以後ほぼ二年ごとに世界各国で開催されている。

学者、市民、行政が一緒に集まって議論をする形だったのだが、途中少し力が抜けたので、もう一度、学者、市民、行政、さらにもう一つは企業、産業関係の皆さんにもきちんと加わっていただき、この四つのメンバーがスクラムを組み、議論していただこうと思っている。

節目の再スタートであるから、国際環境ビジネスメッセ*を同じ時期に開催して、議論するだけでなく企業にもこういう具体例があるということを見本市で展示していただこうと考えている。そして、この世界湖沼会議の成果を二〇〇三年に滋賀、京都、大阪で開催が予定されている「第三回世界水フォーラム*」につなげられるようにしたいと思っている。

菜の花エコプロジェクト

実験ということでは、他にもいくつかのプロジェクトをスタートさせている。

一つは「菜の花エコプロジェクト」である。この事業は愛東町など

びわ湖国際環境ビジネスメッセ　滋賀県で平成十年（一九九八）に始まった環境産業見本市「滋賀環境ビジネスメッセ」（主会場：長浜ドーム）をさらに充実、発展させ、平成十三年（二〇〇一）十一月予定の第四回から名称も新たに「びわ湖国際環境ビジネスメッセ」として開催されることになった。

世界水フォーラム　渇水や洪水、水質汚濁など世界の重大な水問題を討議するための機会として開催されるもので、三年に一度、三月二十二日の「世界水の日」と同じ時期に開くことが世界水会議によって採択されている。一九九七年に第一回がモロッコで、二〇〇〇年に第二回がオランダで開催されており、第三回は平成十五年（二〇〇三）に日本で開催されることが決定している。

ですでに取り組んでいるが、前回デンマークで開催された、世界湖沼会議の帰りにドイツに立ち寄り、その事情を視察してきた。そこで、滋賀県でもぜひ取り組まなければと、意を強くし帰ってきた。

デンマークやドイツは飛行機の上から見ると、春の季節、平野部がまっ黄色に見えた。それほど畑は一面、菜種で覆われるのである。この一面の菜の花は、実はエネルギー作物として栽培されている。

化石燃料は使えばどんどんなくなってしまうし、イオウ酸化物や地球温暖化の原因となる二酸化炭素を排出する。まもなく、発展途上国の人たちがみんな自動車に乗ろうとする時代を迎えるが、石油はいずれなくなるのでないだろうか。さらに、それから出てくる排ガスによって、大気汚染や地球温暖化がますます進んでしまうことは、はっきりしている。

だから、ヨーロッパの人たちはまず先進国が責任を持ってこの問題に真剣に取り組もうとしている。負担はかかるかもしれない、便利は悪くなるかもしれないがあえて実行している。

ドイツでは、菜種油を精製したバイオ燃料*で走る自動車に乗せてもらい、アウトバーンを走ってみたが、しっかり一四〇キロ、一五〇キロの時速で走ることができた。

これは、エネルギーの問題であると同時に、大気環境や水環境の問題であり、さらに環境学習や景観農業の観点からも大変おもしろい試みになると思い、さっそく県内五カ所で五ヘクタール、菜種を栽培していただいた。

二年目の本年も、順調に育っているようだ。ただし、収穫が梅雨の時期にあたり、しかも手作業が主体であることや収量も今一つ、と課題が残っている。手作業での収穫は豊富な経験があるが、今後、機械で収穫することを検討する必要がある。

日本の過去の知恵や、技術をもってすれば必ずこうした課題を克服できるだろう。まず、琵琶湖を航行する船や子供たちの乗るフローティングスクール*「うみのこ」を、廃食油から精製したバイオ燃料で動かそうということで今年の四月から、一〇%のバイオ燃料を混ぜた燃料

バイオ燃料　大豆、菜種、油ヤシなどからとった植物性油でつくるディーゼル燃料のこと。フランス、ドイツ、アメリカで普及しており、日本でも地方自治体を中心に利用が始まった。

びわ湖フローティングスクール　昭和五十八年度から県下の小学校五年生を対象に、学習船「うみのこ」での一泊二日の船内研修を通じて、郷土学習、環境美化活動などが行われている。

で就航したところだ。

給油の方法などについてもプロジェクトチームをつくって勉強してもらっている。また、廃食油の精製プラントを持っている企業が県内にあるということもわかった。京都ではすでに市の清掃車と市バスをバイオ燃料で動かしている。環境こだわり県として滋賀県も早く実用化にむけた取り組みを行いたいと思っている。

「びわこ地球市民の森」づくり

また、もう一つ具体的な話では、未来に向かって、一つの森をつくろうという実験がある。古くから、*野洲《やす》川は下流で二つに分かれていたが、この川には、災害が頻繁に発生したので、長い年月を費やし、新しくまっすぐの川ができた。しかし、南流と北流というかたちで古い川が残った。

この川の跡は、当初は都市公園にするという計画だったが、その計画を改め、もっと自然に近い森林にできないかと考えた。東京の明治

野洲川　鈴鹿山脈の御在所山に源を発して、県南部を南東から北西へ斜めに横切る川。流域面積三八七平方キロ、長さ約六一キロメートル。近江を代表する川として、「近江太郎」の別名がある。

神宮の森は明治を記念して全国から木を持ち寄って植えたのが、今のような森になったという。

滋賀県でも大津の近江神宮*の森は昭和の初めにつくられたが、いまでは貴重な植物が生息する大きな森となっている。

そこで、野洲川の廃川敷は約四二・五ヘクタールもあり、帯状に曲がっているが、ここに、みんなで木を植えて森をつくることにした。今年の四月二十九日、二十一世紀最初の「みどりの日」から植樹を開始した。

これからも県民の皆さんにそれぞれの思いで記念の木を植えていただこうと計画している。さらに、淀川の下流の皆さんにも呼びかけたいし、下流だけではなく、どなたでも趣旨に賛同していただく方には植えていただきたいと思っている。

小学校を卒業した記念とか、結婚した記念とか、何々の記念とかいろいろな思いでいろいろな木を植えていただきたいと思っている。やがて、この木は大きくなって次の世代に「びわこ地球市民の森*」とい

近江神宮　大津市神宮町に所在。祭神は天智天皇。大津京をつくった天智天皇ゆかりの地に、昭和十五年（一九四〇）に創建された。毎年一月第二日曜に行われるかるた大会などで知られる。

う名の森として伝えられることを夢みている。

森というのは、さまざまな生物が住む小宇宙である。昆虫がいる、鳥がいる、うさぎやたぬきもいる、ヨーロッパに行くとよく、公園にリスなどがいる。また、森は自然を考える学校でもあり、環境教育としても非常に大きな役割を果たしてくれるだろうと思う。

植えていただいたら、たぶん皆さんはその木の成長が気になるだろう。もともとそれぞれ思い入れをもって木を植えていただくのだから、また気になって必ずもう一度来ていただきたいのである。世界各地の滋賀県人会*のみなさんにも、「ふるさとに木を植えよう」とお願いをし、早速県人会総会の日に植えていただいた。

いままで私たちは、たくさん森を壊して生きてきた。その回復、再生は私たちの務めである。二十一世紀記念事業の一つとして位置付けながら始めたが、「環境こだわり県」の一つの象徴的な実験事業として、二十年かかって「びわこ地球市民の森」をつくろうという計画を進めてい

びわこ地球市民の森づくり事業 旧野洲川廃川敷地（延長約三・二キロ、面積約四二・五ヘクタール）を豊かな森として再生するため、滋賀県が平成十二年度から約二十年をかけて取り組む事業。平成十三年四月二十九日（「みどりの日」）にその第一歩として滋賀県植樹の集いが開催された。

滋賀県人会 滋賀県出身者による県人会組織はほぼ全都道府県にわたり、他府県には例をみないほど多い。昭和三十九年には全国組織である全国滋賀県人会連合会が結成された。カナダ、メキシコ、ペルー、ブラジルなど海外の県人会も数多く活発な活動を展開している。

るのである。

福祉の実験～くらし安心県づくり～

介護保険のさまざまな取り組み

二つ目は「福祉の実験～くらし安心県づくり～」である。

日本は今や世界一長生きする国をつくった。ところが、寝たきりになるという可能性をみんなが持っている。また、ぼけるという可能性を持っている。広い意味で多くが障害者になるということでもある。

滋賀県は障害者福祉では*糸《いと》賀《が》一雄《かずお》先生を生んだ県であり、さまざまな先進的な取り組みで、こと障害者福祉については今もって全国から注目されている県である。この経験を生かして障害者はもちろん、県

糸賀一雄　一九一四～六八、社会福祉事業家。鳥取市に生まれ、京都大学卒業後、滋賀県の職員となる。昭和二十一年（一九四六）知的障害児のための施設「近江学園」を創設し、初代学園長となり、日本の知的障害者福祉のパイオニア的役割を果たした。平成九年（一九九七）、日本をはじめアジア・太平洋地域の障害者福祉活動家を表彰する「糸賀一雄記念賞」が創設された。

民誰もが、一人ひとりの人権を尊重され、一生涯を通じて安心して暮らせる社会をつくれないものか。それを福祉の実験という形でこの滋賀県で取り組みたいと考えている。

「くらし安心県」づくりで当面の大きな課題は「介護保険」である。昨年（二〇〇〇年）四月からスタートしたこの制度は、日本がそれこそ世界一長生きをする国をつくった中で、みんなの一番心配な老後の介護という問題をどうするのかというときに、税の仕組みではもうだめだということで、とにかく四十歳になったらみんな保険料を払って支え合うという仕組みがつくられた。

しかも、これは住民に最も身近な市町村に責任を持っていただこうということで始まった。実はこれは地方分権、地方主権の第一号の実験、実践であろうと思う。これをうまくできるかどうかで地方分権、地方主権が市町村のレベルでまず答えが出てしまうのだと考えている。

したがって、市町村に責任を持っていただくことを五十市町村にお願いをした。ただ市町村によっては単独で取り組んでいただくよりも、むしろもう少し広い範囲で取り組んでいただいたほうが、社会保険の仕組みとしては機能しやすいのではないかという思いがあったので、そのようなアドバイスもさせていただいた。しかし、滋賀県の場合、多くは「ぜひ単独でやりたい」ということであった。高島郡を除いて単独の市町村で取り組みをされることとなった。

これは一つの見識だと思う。同時にその中で、高島郡はあえて広域連合というかたちを取られた。これは非常におもしろい取り組みだ。どちらも成功していただきたいと思っている。

滋賀らしいサポートシステム

もう一つ、このことを考えるのには住民参加がないとだめであり、市町村の職員や専門家だけで考えてもらっては困る、ということを、口をすっぱくして言った。

県もそのことに積極的に取り組むため、保健所と福祉事務所を一緒にした「健康福祉センター」をつくり、スタッフを揃えていろいろアドバイスをさせていただいた。同時に、あとは財政的な問題になると思ったので、財政的な支援については、きちんとした支援体制をとるということに努めたつもりである。

昨年九月、県下の市町村長さんに集まっていただき、「介護保険トップセミナー」を開催し、介護保険の全国状況に詳しい龍谷大学の池田省三先生に基調講演をお願いしたのだが、滋賀県の市町村の取り組みについて非常に高い評価をいただいた。

それは、計画づくりの段階から住民参加が行われていること、情報が積極的に公開されていること、さらに保険運営の基本となる介護保険条例においても、それぞれの市町村が独自色を出していることなどが、全国的にもまれに見る先進的な取り組みだというのである。

一部ではなく、ほとんどの市町村でこうした取り組みが進められたということは、県と市町村がそれこそ一体となって取り組んできた成果にほかならない。このことは私はもとより、これに携わっていただいている皆さんにとっても、また県民の皆さんにとっても大変うれしい話であり、誇りに思っていただきたいと思う。今後とも、県政のさまざまな分野で、こうした取り組みが拡がっていくことを大いに期待している。

特に今年（二〇〇一年）からは訪問看護など在宅サービスについて利用者から相談を受ける「訪問アドバイザー」を全県に七五〇人配置し、きめ細かな手当をしていくこととした。また、NPO*の皆さんが空き家や空き店舗を利用してグループホーム*やデイサービス*を始める場合に経費的な手助けをすることにしている。これらを「ふれあいグループホーム」「ふれあいデイサービス」と名付けて、デイサービスでは従来高齢者、障害者、児童が別々であった壁を取り払って互いに交流、助け合う中で福祉、医療、保健を考えてみたいと思っている。

このようにサービスを提供する体制を充実させることも大事であるが、もう一つ、思うことは、みんなが年をとっても介護を受ける必要がないということになればなおよいわけだ。そのためには、若い頃か

NPO　Non-Profit Organization の略。非営利民間組織。環境・福祉・国際交流などに関する目的で広範囲にわたりさまざまな活動を行っている非営利の民間組織。

グループホーム　痴呆性老人や障害者らが少人数で生活する施設。

デイサービス　在宅の虚弱老人や寝たきり老人、心身障害者（児）に、通所や訪問により、入浴、食事、日常動作訓練などを提供する事業。

らの健康づくりが大切になる。そこで滋賀県では、「健康いきいき21」というプランをつくり、自分の健康は自分自身でつくるということを呼びかけることとしている。それも、わかりやすいものにと「健康いきいき十カ条」というものにまとめ、一人ひとりの実践を呼びかけている。

まず自分自身の力で元気に生きる。それがうまくいかなくなったときに安心のシステムがはたらく。そういうようにもっていきたいと考えている。

経済の実験～たくましい経済県づくり～

「四方よし」

三番目は「経済の実験～たくましい経済県づくり～」である。

現在の不況は構造的であり一過性の不況ではないことがはっきりしているので新しい産業を興すことが重要となる。その新しい産業の基本は、エコロジー*とエコノミー*を一つにするという事業であり、実験である。

つまり、経済を経済だけで考えないで、むしろ環境問題と一つにするところに理想を見出し、環境ビジネスの分野を滋賀県は得意産業として育てていきたいと思っている。

これまで近江商人は「売り手よし、買い手よし、世間よし」の「三方よし」*を大事にしてきた。しかし、これからは、これにプラス「地

エコロジー ecology 人間も生態系の一員であるとの視点から、人間生活と自然との調和・共存をめざす考え方。本来は、自然科学の一分野、生態学の意。

エコノミー economy 経済。人間の生活に必要な財貨・サービスを生産・分配・消費する活動。また、それらを通じて形成される社会関係。

三方よし 近江商人共通の商いの理念。買い手よし、売り手よし、世間よしは特筆される商行為とされる。他国で主な商行為を行った近江商人は、特に商い場における社会、地域のための社会的経済的な行動を展開した。

球によし」で「四方よし」という産業や商いでないとだめなのではないだろうか。「四方よし」がこれからの経済の大きな考え方の柱になっていくのではないか。

環境ビジネスメッセも今年で四回目になり、世界のマーケットで勝負できるメッセを目指そうと「国際環境ビジネスメッセ」として開催することにしている。単なるメッセを超えて、世界湖沼会議と同時期の開催で、幅がある、中身があるものにしたいと思っている。

産業は3Kでいこう

環境ビジネス、それに健康福祉ビジネス、そしてもう一つは観光ビジネスの三つの頭文字をとって、これからの滋賀の産業は3Kで臨みたいと思っている。この不況下どの業種、どの業界とも厳しい状況が続いているが、こと観光ビジネスに関して言えばトップクラスの成長産業と言われている。

滋賀の魅力の一つとして、安土があげられる。「安土」というと、歴史の時間に安土桃山時代*を習ったり織田信長というビッグネームで日本人の九九％の人が知っている。しかし、それは、歴史としての安土であって、地理としての安土は、おそらく日本人の一割ぐらいしか滋賀県にあることを知らないかもしれない。すでに、雑誌社や航空会社とタイアップした「信長の夢、戦国の夢」のツアーでは多くの関心をいただいたが、こうした企画を継続的に行い、安土をＰＲする努力が必要である。比叡山も京都だけにあると思われがちだが、滋賀からの比叡山もある。滋賀が独自に持つ魅力を知ってもらうための知恵を絞っていきたいと思っている。

国内の観光客の誘致促進のみならず、海外の観光客を滋賀県に招きたいと考える。大阪、京都に来られる外国人観光客をぜひ滋賀県に誘致したい。その方策のポイントとしては、これまでの豊富な観光資源を十分生かせてなかったという反省に立ち、打ち出すテーマをしっかり決めて継続してＰＲしていくこと、そして、リピーターを確保するためにおもてなしの心、新しいホスピタリティー*の向上が不可欠であ

安土桃山時代　織田信長が初めて入京した永禄十一年（一五六八）から、徳川家康が関ヶ原の戦いに勝った慶長五年（一六〇〇）までの約三十年間。

ホスピタリティー　hospitality　心のこもった手厚いもてなし。歓待の精神。

ろうと思う。

ＩＴを活用したバイオテクノロジー

産業の活性化のためには基盤整備が必要であることはいうまでもないことで、滋賀県の地域情報化の指針とするために「びわ湖情報ハイウエイネット計画」*を作った。

人々の生活様式の変化や産業構造の変化、国際化や情報化の進展によって、人・もの・情報の流れが飛躍的に増大する中で、すべての県民の皆さんがいつでも、だれでも、身近なところで、高度情報化の恩恵が享受できるように県内の情報インフラをきちんと整備していきたいと思っている。

ＩＴについては少々誤解されている面があるが、ＩＴ導入それ自体が目的ではなくＩＴ技術を活用してその先にある課題を解決する手段としなければならない。その意味ではＩＴの次に期待される産業は「バイオテクノロジー（生命工学）」だといわれるくらいに現在、ＩＴ

びわ湖情報ハイウェイネット計画　地域の情報化を推進するための指針として、平成十一年（一九九九）九月に滋賀県が策定した計画。これに基づき、県民生活や地域にかかわりの深い情報を提供するシステムや地域産業活動を支援するシステム、県・市町村間の行政情報ネットワークシステム、環境情報システムなどの整備が進められている。

を活用したバイオ技術は長足の進歩を遂げ一大産業に成長している。本県のバイオ振興の核となるであろうと期待し力を入れているのが長浜に二〇〇三年春開学予定の「(仮称)長浜バイオ大学」である。*

湖北地方に設立される県内八つ目の四年制大学であるという面だけでなく、内外の大きな注目を浴びている。バイオ技術は遺伝子組み替え技術による抗ガン剤としても期待されるインターフェロン*の量産化といった医薬品分野や二十一世紀の食料問題の解決に期待が高まる農業化学分野など二十一世紀の救世主だという人がいるくらいだ。また、この大学の隣接地にはバイオ関連の研究所群である長浜サイエンスパークの建設も進めたい。バイオ技術を通じた新しい産業経済の実験の芽がまたひとつできると思っている。

環境こだわり農産物の創出

農業での実験も考えている。それは「エコ農業」をめざすことである。具体的には、環境こだわり農産物をつくっていこうと思っている。

(仮称)長浜バイオ大学　産学共同による全国初で唯一のバイオ系技術総合大学として、長浜市が市内の田村町に誘致を進めているもので、平成十五年(二〇〇三)四月の開学が予定されている。

インターフェロン　interferon　ウイルスが感染した細胞や腫瘍細胞でつくられ、その増殖を抑える働きがある特殊なタンパク質。抗ガン剤などに利用される。

農薬や化学肥料を使わない農産物をつくろうということだ。一足飛びにはいかないが、農業試験場で研究しているだけではなくて、農家の方に農薬や化学肥料をまず半分に減らしてくださいと申し上げ、ゆくゆくは農薬、化学肥料を使わないというところまでもっていきたい。そして、マニュアルをつくって、それをきちっと守ってもらったものにはわかりやすい証紙を貼るなどして農作物の認証制度*をつくり、滋賀ならではの環境にこだわった農作物の生産振興と販売促進をしていきたいと思っている。収量は一定量落ちるが、安心して食べられるという農産物をつくって、それを滋賀の新しいブランドとして全国に出していきたいと考えている。

農作物の認証制度　無農薬・低農薬の有機食品については国レベルの統一的な検査認証制度がないことが問題となっていたが、ようやく農林物資の規格化及び品質表示の適正化に関する法律の一部が改正され、有機食品の検査認証・表示制度が創設されることになった。

文化の実験～自治と教育・文化の創造県づくり～

小学校五年生のクルージング体験

四つ目は「文化の実験～自治と教育・文化の創造県づくり～」である。

これまで述べた環境、福祉、経済のいずれも、文化といえるレベルに高めていけるようにできないものか。滋賀県というスケールで、地域づくりの中でできないか、という実験をしたいと思っている。

この実験を成功させるためのポイントは、一つには人づくりだと思う。これまでの県の取り組みで成功したと思われるのは、小学校五年生の子供たち全員、琵琶湖で一泊二日の船で学ぶという体験学習をさせてきたフローティングスクールである。いまその一期生が学校の先生になる年齢にもなった。毎年卒業生を送り出しているから、だんだんと「うみのこ」育ちが増え、すでに県民の四分の一にあたる三十万人にもなった。この船上体験は子どもたちが大人になっていく中で必ず生きると思っている。

小さいときに覚えなければならないことを、きちんと体で覚える機会をもっと体系的につくる必要があるのではないかと思う。

家族ふれあいサンデー

ややもすると、今まで、みんな学校に任せきりできた、あるいは学校に入ってから解決できると思ってきたのではないだろうか。さらに親や地域は本格的にその主役を務めていなかったのではないかという反省も持っている。今後さらに体験学習を体系的に進めていかなければいけないと思っている。

その一つの試みとして、家族の皆さんに、あるいは地域の皆さんに体験学習の役割を果していただこうと、いままで、第三日曜日を家庭*の日としていたが、これを単に子どもに対してだけではなくて、夫婦やお年寄りなど、大人同士の問題も含めてもということで、「家族ふ

*家庭の日　薄まりつつある家族の絆を再び取り戻すため、毎月第三日曜日を一家団らんにあてようというもの。昭和三十年（一九五五）に鹿児島県の鶴田町でつくられたのが始まり。昭和四十一年に発足した青少年育成国民会議によって全国的に広がっていった。

れあいサンデー」にモデルチェンジした。

さらに、全県立高校に学校評議員制度*を導入し、家族や地域にできるだけ教育の中に入っていただき直接声をだしていただく仕組みを、みんなで考えていきたいと思っている。

滋賀県の図書館は、図書の充実度と利用度において、日本一といわれている。美術館や博物館、さらにホールも大変充実してきている。こうした背景を基に、芸術文化や広い意味での文化を大事にしていきたいと思っている。

自治の五重奏

自治ということでは、自治の「五重奏」というものを大切にしていきたいと思っている。まず自治会が、あるいは集落が、という単位でお互いに支え合おうということを大事にする、これが一つ目の自治である。

二つ目に、小学校区を大事にする。小学校では子ども時代みなが六

学校評議員制度　地域や社会に開かれた学校づくりをめざして、保護者をはじめとする地域住民が、学校に対する意見を学校長に述べたり、総合的な学習の時間への支援を行う制度。学校評議員の設置は教育委員会が決定する。平成十二年（二〇〇〇）四月から始まった。

年間を共同体験するが、子どもたちを通して親も六年間、顔をつき合わす関係にある。幼稚園や保育園を入れると、それ以上に長いかもしれない。それに、この地域は、人が歩いて通える範囲でもある。

三つ目は市町村。市町村は言うまでもなく、住民の皆さん、県民の皆さんの一番身近な政府として、住民の皆さんの生活に直結するサービスを担っていただいている。

四つ目が県。県はその市町村を広域の観点から支援する。そしてまた自治会単位でのさまざまな活動に対して、あるいはまた小学校区単位での活動に対して、市町村との役割分担を考えながら一緒になって支えなければいけないと思う。

もう一つは、NPOである。つまり、自治会とか小学校区という、場所とかエリアにこだわらないで、同じ目的に向かってそれぞれ気心のあった人たちがグループをつくって、いろんな活動をし、その中から環境の問題、福祉の問題、教育の問題、文化の問題などさまざまな課題と取り組んでおられる。これも新しい自治の担い手に違いない。

そのことを大事にできないかと思っている。

そしてこの五つがうまく機能し合って、これまで以上に厚みのある自治の形をつくっていく。一層、二層、三層と単に重なるというだけの五重層ではなくて、素晴らしい音色を奏でる「五重奏」になっていってほしいと願っている。

ハロー・アンド・グッバイ

二十世紀、人類がさまざまな歩みをしたわけだが、中でも、先進国とりわけ日本は経済的な豊かさと長生きと便利さにおいては成功した。しかし、その分いろいろと自然を傷つけていた。見事に長生きの国をつくったが、その先の老後が心配である。豊かになったが、不満が湧き出ている。人々はいらいらしている。そういうたくさんの成功の裏に出てきた失敗、あるいは問題を、ぜひ「もう一つの生き方」を探りあてるということで解決し、成功させせたいと思う。

「もう一つの生き方」とは、言い換えれば、地球の一市民である人間としての本来の生き方ということである。これまで、私たち人間は、鳥や魚たち、草や木たちと同じ地球に住む住人の一員であるという側面を忘れて、人間が中心という目で自然を見てきたことを大いに反省しなければならない。また、私たちは、素晴らしいと思った豊かさや便利さが必ずしも全部が素晴らしいということではないということを体験させせられた。

そこで、県の職員には「ハロー・アンド・グッバイというのをやろう」と言っている。つまり、二十世紀の内に絶対にさようならをしなければいけないものがある。それは何だろうか。そして二十一世紀にハローと言って早く自分のものにしなければいけないものがある。それは何だろうか。

これらの答を暮らしの中で、ライフスタイルの中で見つけ出すというのが一つ。いま一つは、産業の中にハロー・アンド・グッバイを見つけ出す。そしてもう一つは、社会の仕組みの中にハロー・アンド・グッバイを見つけ出す。この中で「もう一つの生き方」「真の人間の生き方」と言えるもの、それを「エコ文化」とでもいえるものとして、滋賀県でつくり出し、それを地域づくりのコンセプトにする県にできないかということを考えている。

以上四つの実験を中心に私の政策の一端を述べたが、政策としての実験の結果は十年後か二十年先にその成果や評価が明らかになることだろう。しかし、私はこの実験を通じて失敗を恐れず、課題に対して果敢にチャレンジし続けたいと思っている。そのことが滋賀県が二十一世紀に輝き続けられることであり、そして、県民の皆さんが滋賀県に住んでいてよかったと実感できる地域づくりにつながると思っている。

(了)

第三章　メガネが見た知事

～仕事と生活スケッチ～

これは、知事近辺のスタッフの話をもとに、いつも行動を共にしているメガネが語るという形で、國松知事の日々の様子をスケッチしたものである。

メガネが見た知事

ボクはメガネ、どこにでもある近視用のメガネだ。とある町のメガネ工場で生まれ、大津市のデパートのメガネ屋さんに並んでいた。どんな人に掛けられることになるか、ボクたちにとっては一生の問題だが、悲しいことにボクたちにはそれを選ぶことができない。運を天にまかせて、その日が来るのを待っていた。

ある日、一人のおじさんが店にきた。しばらくの間、ボクの仲間たちをとっかえひっかえ見比べた後、ボクを選んでくれた。歳は六十ぐらいだろうか、背はあまり高くなく、中肉中背という感じ。よく動く眉毛が特徴的だ。カウンターでサインをしていたので名前がわかった。クニマツヨシツグというらしい。その時はわからなかったが、滋賀県の知事をしているということだ。

彼は、ボクをとても大切にしてくれる。お風呂も一緒だし、寝るときも枕元に置いている。「こいつがないとわしは二束三文やからなあ」と言っていた。確かに、ボクのレンズは他の仲間と比べると、分厚いほうだ。彼くらいの年齢になると、手元の小さい字を読むときなど、メガネをはずす人が多いようだが、彼はかけたままで読んでいる。強度の近視ではあるが、目の老化が進んでいない証しだ。

彼は、ボクを通して世の中を見ている。だから、ボクが見る世界は彼の見る世界ということになる。同時に、ボクは彼の目も見ている。「目は口ほどにものを言い」という言葉があるが、確かに、目を見ているだけで彼のいろんな言葉が聞こえてくるようだ。

ウォーキングで始まる一日

彼の職場は滋賀県庁。その隣に知事の公舎があって、彼はそこに住んでいる。家は別のところにあるが、事が起これば県庁に駆けつけなければならないので、公舎に住んでいる。

彼の一日は、ウォーキングで始まる。七時前に公舎を出て、琵琶湖岸へ行き、浜辺の「なぎさ公園」を歩いて、帰ってくる。時間にすると三十分くらいだ。速く歩く。背筋をピンと伸ばして、前方やや上方を見つめながら、大きく腕を振って歩いている。「健康にはこれが一番」だそうだ。時には走り出す日もある。

できないとなわとびをする。それも続けて二百回。もう何年も続けているそうだ。おかげでふくらはぎは桜島大根みたいで、時々自慢げに人に見せている。

朝の運動が終わると食事をして、着替えて、八時半前に出勤する。途中で出勤してきた職員に出会うと、大きな声で「おはよう」と言う。言われた方が

▲ＡＦＳ留学生の表敬訪問

びっくりするくらいの声だ。玄関の守衛さんにはなぜか敬礼をしている。

執務室でひっきりなしに人に会う

仕事をしている知事室は、県庁の三階にある。ここの主になったのは、平成十年七月からだ。県庁の建物は六十年前にできたということで、知事室も厳かな感じのつくりになっている。応接室の四方の壁の上部には、明治時代からの歴代知事の写真が額に入って掛かっている。ただ、前の知事までの写真で一杯になっていて、彼がやめた後の写真をかけるスペースがない。口には出さないが彼も結構気にしているようだ。

この部屋へ、彼は毎朝入っていく。机の上には、新聞記事や資料や手紙などが沢山置いてある。コーヒーを飲みながら、目を通していると間もなく、秘書が入ってきて、一日の予定を告げる。予定が始まると次から次へと人が入ってくる。

彼は話すのが好きだ。始めのうちは相手の話を聞いているが、一旦しゃべりだすと延々としゃべり続ける。そして時々「ガハハハハ」と笑う。廊下にまで響いているんじゃないかと思うくらいの声だ。話が長くなると、秘書が困った顔をして、「そろそろ次の予定が……」とのぞきにくる。彼は「うんうん」と頷きながらも、まだしゃべり続ける。そうかと思うと、眉間や口のまわりに皺を寄せて難しい顔をしている時もあるし、真剣に議論するあまり、大声を出すときもある。

彼に会いに来る人は大きく二つに分けられる。一つは彼の部下になる県の職員たち。この人たちは、細かい字がびっしり書かれた書類を持ってくる。ここがボクの腕の見せどころだ。

その書類には、県庁で問題になっているいろんなことが書かれている。彼は書類を見つめながら、しばらくじっと説明を聞いた後で、「それはどういうこっちゃ?」とか「ほんまかいな?」とか尋ねたり、「それはええ、ようやってくれた」と言ったり、「そやけどあんた、ほんまはこうせなあかんのとちゃうか」と言ったりする。そして自分の考えを身振り手振りを交えてしゃべる。

もう一つは県民の皆さん。二、三人のこともあれば、何十人もが一遍に来ることもある。道路や川の改良など、いろんな「要望」もあれば、意見や抗議もある。彼は、「うん、うん、うん」と頷きながら聴いたあと、「皆さんのおっしゃることはようわかります。そやけど、こっちも困ってるんですわ。お金がありませんのや。」と時々頭をかいたりしている。

海外からもお客さんが来る。滋賀県はアメリカのミシガン州、中国の湖南省、それからブラジルのリオ・グランデ・ド・スール州と姉妹提携を結んでいるので、そこからの人もあるが、最近は琵琶湖の保全が世界的にも話題になって、いろんな国からお客さんが来る。彼は「ニイハオ」とか「ボンジーア」とか、その国の言葉であいさつをする。もちろん、そこから先は続かない。日本語でしゃべり、通訳の人が訳している。こういうときは用意されたあいさつ文があって、彼はそれを持って話しているんだが、途中から全然違うことをしゃべり出す。ボクは「そんなこと書いてないでしょう」と思ってお客さんの顔を見ていることがある。

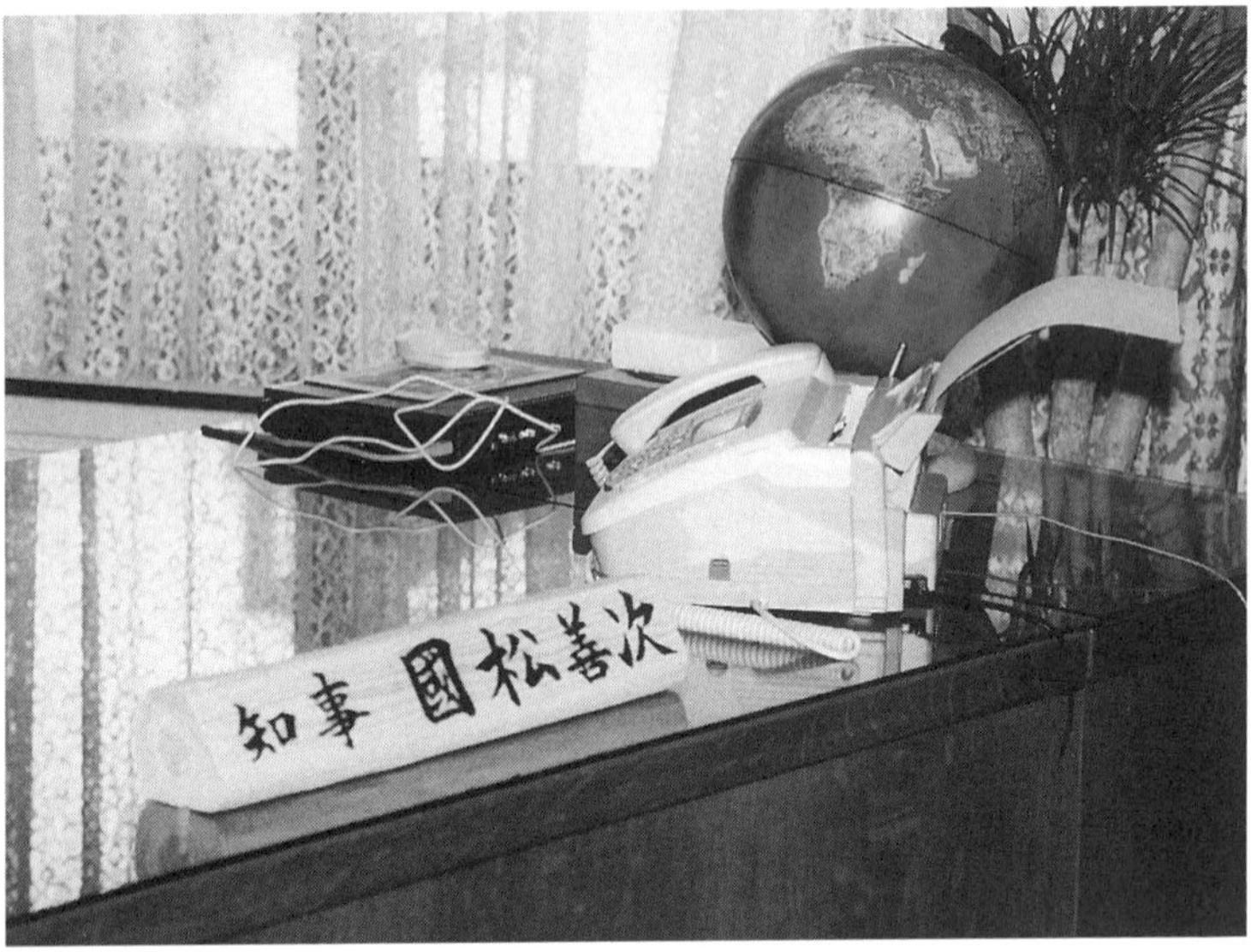

▲知事室の机の上に置かれたファクス

机の上に直通ＦＡＸ

たまに一人っきりで部屋にいることもある。そういう時は何かを読んでいる。多いのが「知事への手紙」というもの。彼のところには、いろんな人からたくさんの手紙が来る。それには、身のまわりのことについて「ああしてほしい、こうしてほしい」という要望や、「もっとこんなことをすべきだ」とか「こんなことはやめた方がいい」という意見、それからたまに「がんばって！」という励ましの手紙など、さまざまなものがある。彼はその一つ一つに目を通していく。

手紙への答えは、原案を職員がつくる。彼の言葉は県庁を代表することになるので、担当しているところの意見をまず聴かなければならないということからだそうだ。彼は、返事の手紙を読み、納得したらサインをする。気に入らなければ「直してくれ」と言う。納得するまで直してもらっている。

また、自分の机の上に専用回線でＦＡＸを置いた。これなら届くＦＡＸを自

▲大津市内のホテルに向う

分が直接読むことができる。番号は〇七七―五二八―三七三七。「こんにちはみなみなＦＡＸ」と名付けた。

低公害車に乗り替える

彼はよく外出する。むしろそっちの方が多いくらいだ。出かける時はいろんな手段を使っている。

最初、黒い大きな車に乗っていた。ところがある日、彼は「プリウスに替えよう」と言った。ハイブリッドカーといって、低公害で環境にやさしい車だ。

小さめの車なので「そんな車、知事らしくないじゃないか」とか、「安全性を考えたら、丈夫な大きい車でないといけないんじゃないか」など、秘書課職員の間でいろんな意見があったが、結局は、遠い所で高速道路を使わなければならない時は従来からの車で、近い所はプリウスで行こうということになった。

それからしばらくして、彼はまた言った。「いっそのこと、ほんまに近いとこは自転車で行こか」

自転車は健康にもいいし、何といっても環境にやさしいということで、二台の青い自転車が用意された。「青色」は彼が選んだ色で、琵琶湖のイメージとのこと。しかも環境にやさしい素材を使った自転車だそうだ。県庁の近くで行事があるときは、この自転車で出かけている。

エレベーターは使わない

彼が出かける行事にはいろいろなものがある。本当に数が多い。彼が、一つ終わって次の会場へ向かう途中、次に出席する行事の概略を頭に詰め込まなければならない、なんてことは珍しくない。車で移動するときならまだいいが、近くの会議室であるときは歩いて行くことになるので、そんな時は歩きながら資料を読んでいる。何かにぶつからないか、メガネのボクは気が気でない。

彼は、歩くのが好きだから、エレベーターやエスカレーターは使わない。階段を使う。六階や七階の会議室でも歩いて上がる。会場についてすぐにあいさつをしなければならないときは、息が切れたまま話さなければならなくなるが、それでも階段を使う。時間がないときは一段とばしで駆け上がっていく。

東京都庁へ行ったときのこと。九階から降りるのに、彼は階段で行こうと言った。階段室を見つけて、一行は歩いて降りて行った。やっとのことで一階へ来て、出ようとしたら、何と扉にカギがかかっていて開かない。しかたなしに九階までまた歩いて上って、結局はエレベーターで降りてきた。大笑いであった。

月一回の楽しみは

数ある行事の中でも、彼が一番楽しみに、そして大切にしている行事が「知事と気軽にトーク」だ。月一回、県内に出かけて、いろんな人たちと話し合いをする。地域でボランティア活動をしている人たちのグループとか、商店街の人たち、小中学生などさまざまなグループと語り合っている。そこで彼はいつも言う。「私は、知事の仕事をするにあたっては、県庁の中ばかりにいると、きっと間違いを起こすと思う。外に出て、県民の皆さんの生の声を聞かせてもらうことが大切だと思っている」

トークではさまざまな意見が出る。厳しい意見も出る。彼はそれをメモし、一つ一つ答えていく。「やります」と答えられることもあれば、「それはちょっと無理です」と言わなければならないこともある。時々、「それはあなたたちがやらなきゃいけないことですよ」と厳しい口調で言うこともある。

ある商店街の人たちとトークをした時のこと。さびれる商店街の現状を打開するためにはどうしたらいいか、検討してきた計画が説明された。それを一通り聴いたあと彼は、「それではダメだと思う」と言った。そして彼は、なぜだめだと思うのか、自分ならどうするか、話した。

その日からしばらくして、商店街の人たちから手紙が届いた。あれからみんなで計画を練り直したということが書かれていた。

トークの相手は、子どもたちのときもある。永源寺町の青野中学校でのトークにはちょっとしたいきさつがあった。毎年八月に行われている近江八幡の「伊崎の竿とび」に、一度は自分でも飛んでみたいと思っていた彼は、ある年、こっそり参加した。行ってみると思っていたより高く、おまけに飛び込み台がかなり揺れる。少したじろいだが、「バンザイ」をしながら飛び込んだ。

その時、中学生のグループが飛び込みに来ていた。青野中学校の生徒たちだった。引率に来て生徒の写真を一人ずつ撮っていた校長先生のフィルムに、彼の飛び込みの勇姿（?）が写っていた。それを、後で彼に届けてくれた。それで飛び込み仲間の生徒とのトークが実現した。

トークでは、みんなが竿とびをした感想にはじまり、三六五日一日も欠かさず学校前の道路と校庭の掃除をしていることや、庭園をみんなで手作りしたり、しいたけを栽培して家族に販売しているという話が出た。

「知事さんはコマ回しができますか?」とコマを持ち出してくる生徒もいて、五十数年ぶりにコマ回しもした。

みんなと一緒に走る! 走る!

スポーツの行事にもよく出席する。しかも、開会式で挨拶したりするだけでなく、自分も参加してしまうのである。平成十二年四月に「マスターズ駅伝全国大会」が滋賀県であった。往年のマラソン選手たちのレースである。この大会の五キロの部に走ってもらえないかと頼まれ、初めは「いやいや、とてもとても」と断っていたが、「最初だけでいいんです。途中でやめてもらってもいいですし」と言われて、「それなら」ということで引き受けた。

軽い気持ちで引き受けた彼だったが、前日にプログラムのパンフレットを見てあわてた。参加者の名簿の上に、自分の名前が「特別ランナー」と書かれているではないか。これでは途中でやめるのも格好が悪い。しかも、出場者はみな、元マラソン選手とか、本格的にやっていた人たちばかりである。普通の市民マラソンのイメージを持っていた彼は、「えらいことになった」と思った。

そんな彼の心配はおかまいなしに、レースのスタートの号砲はなった。案の定、ペースはとんでもなく速い。彼も「遅れまい」と必死でついていった。すると、運動場を出る付近で、どこからか「知事、飛ばしすぎや。抑えて、抑えて」という声がとんだ。この声で我れに返った彼は思った。人は人、自分は自分である。それでマイペースを保ち、沿道の人の声援にも支えられて、完走することができた。ゴールの瞬間、彼は万歳をした。

これで意を強くした彼は、その後もいろいろなマラソン大会を見つけては、出かけて行って走っている。

▲2001年　マスターズ駅伝全国大会

県議会と両輪で

県政は、知事と議会とが車の両輪となって、進められていく。予算や条例をはじめ、重要なことがらを県民の意志として最終的に決めるのは議会である。県議会は、年に四回、定期的に開かれ、予算案や条例案を審議したり、その時々の大事な問題について議論がされる。議会での議論は、全ての議員が出席する本会議と、分野ごとに別れる委員会とがあり、本会議に出された議案は、その内容に応じてそれぞれの委員会に回されて、詳しく議論がされる。

本会議での質問は、事前に項目を通告するように決められている。通告を受け、彼や担当職員は、質問に答えるために資料をそろえ、準備する。彼は、集められた資料をもとに、前日遅くまで勉強する。長時間かけて担当の人たちと調整した後、公舎へ帰って一人で勉強する。

予算の編成

県議会ではいろんなことが議論されるが、なかでも予算案は重要である。県民から預かった税金を、いかに有効に使い、県民の幸せや地域の発展につなげていくか、慎重に考えなければならない。

何しろお金のない時期であり、逆にやらなければならないことはどんどん増えていくという時代だから、予算を組むのも難しいものがある。いろんな人から寄せられる提案や要望にできるだけ答えながら、全体の額は増えることのないよう、知恵を絞り、工夫している。そのためには、現在やっていることを徹底的に見直して、いらないものはやめていくという努力が必要になる。「スクラップ・アンド・ビルド」だ。

彼は、知事に就任して初めての予算編成となる平成十一年度予算を組むときに、一つの試みをした。「知事特別枠」の設定だ。各部三千万円という特別枠を設けて、その分の事業は財政課や総務部が審査せずに、知事が直接審査するという仕組みをつくった。

従来の行政の感覚では認められなかったような事業でも、夢のあるもの、元気が出るようなものであればできるというようにしたかったのである。

財政事情が厳しいときだけに、支出を厳しく絞らなければならないが、元気までなくしてしまってはいけない。時代が大きく変化していく時だけに、新しい感覚の事業を取り入れたい。特に若い職員が参画してみんなで議論して面白い事業を考えてほしい。そんな思いがあった。

各部でアイデアを練り、発案してきた。一例をあげると、「琵琶湖一周クイズバトルラリー」がある。○×式のクイズを続けて県内のいくつかのポイントをまわり、正解し続けると琵琶湖一周になる、優勝者には賞金百万円という催しである。クイズを楽しみ名所を訪れ、滋賀の良さを知ってもらう。約三千四百人が参加し、ラリーが繰り広げられた。

また、子どもたちが議会のようなものをつくり、話し合いをする「ジュニアボード」という企画もあった。彼は第一回目に参加し、子どもたちの中に入った。「お」「う」「み」の三文字を頭文字にして文章をつくるゲームが行われ、彼はこう書いた。

おとしよりも　わかものも
うまれたばかりの赤ちゃんも
みんな楽しくなる　滋賀にしたい

この事業はその後発展し、平成十三年三月に「子ども県議会」として、滋賀県議会の本会議場で開催された。大人の議員顔負けの迫力で質問するジュニア議員に、彼は真剣な答弁をした。

「湖国ふれあい音楽祭」は、メガネのボクを通して見ると、彼の瞳がうるむ、感動のイベントだった。障害のある人たちとそれを支える人たちがいっしょになったミュージカルだ。出演者は約一年かけて練習や準備をしたという。びわ湖ホール中ホールをあふれるばかりに集まった観客の熱気の中で、障害のある人たちが体全体を駆使して、生き生きと歌い、踊った。

この音楽祭は、翌年には大ホールでの「命輝け～びわ湖第九コンサート」へと発展した。知的障害者や視覚障害者、車椅子の人など、障害のある人とない人が一緒になった総勢約六百人の大合唱団が、大ホールいっぱい歌声を響かせた。

終了後の交流会で彼はマイクを握り、「感動をありがとう」と何度も叫んだ。

生活者原点の発想

彼は、「知事の仕事はどんな仕事ですか」と聞かれると、「コンビニみたい」と答える。土曜、日曜関係なしの二十四時間営業ということだ。確かに彼は、土曜も日曜もたいてい出かけている。それに夜中でも、途中で起きて、枕元のボクをつけて何やらメモしたりしている。夜中に浮かんだアイデアなどをメモするのだ。

そして、そうしたアイデアを職員に投げかける。

ある時、職員の研修について、彼は提案した。「幹部職員の研修の時に、車椅子に乗ったり、目隠しをしたりして、街を歩くということをしたらどうだろう」

身体が不自由な人、目が不自由な人、お年寄りの立場になってみれば、そうした人たちが普段困っていることがわかる。道路をつくったり、まちづくりを考えるにしても、そういう視点で考えることができるようになるというのだ。早速、部次長級の研修に採り入れられ、車椅子に乗ったり、目隠しをしたり、手足に重りをつけて街を歩いた。

研修の後、彼は職員の中に入り、感想を聞いた。職員たちは口々に、「こういう体験をして初めてわかったことが多い」と言った。

次の年から部長次長の研修には、福祉施設へ行って、終日お年寄りや障害のある人たちの介護体験をするということを続けている。

これの背景には、彼の一つの経験がある。それは厚生部の次長のときのことだ。福祉の担当部の次長として、一度、福祉の現場を体験しておきたいと思った彼は、ある日一人で老人ホームへ出かけていき、自分が誰か明かさずに、「一日介護の経験をさせてほしい」と頼んだ。二十四時間お年寄りのお世話をした彼は、福祉施設の人たちの苦労を知り、それまで自分が頭ではわかっているつもりでも、本当のところがわかっていなかったことを知ったのである。

その研修からしばらくして、研修を受け入れた施設の人から手紙がきた。そこには、「実際に介護の体験をされる中で、みんなと同じ目線に立ってもらえた、こういう県政を進めてほしい」ということが書かれていた。彼は、この手紙を机の引き出しに入れて、大事にしている。

夏のメンズエコファッション

滋賀県庁では、以前から、夏の間は上着やネクタイはやめよう、そのかわり冷房をあまりきかせないようにしようという取り組みが行われていた。しかし、来客があればそういうわけにもいかないだろうということや、ネクタイをはずしただけでは格好悪いという思いもあったのか、段々徹底されなくなってきていた。

それを彼は、もう一度徹底しようとした。サマーエコスタイルは単にネクタイを付けるかどうかという問題ではなく、環境にやさしい社会をつくっていく取り組みだと考え、率先実行した。庁外の行事でも、大抵の場合はノーネクタイで出かけていった。壇上にスーツ姿の来賓がずらりと並ぶ中に、彼一人白い半袖のシャツでいるということもあった。

さらに一歩進めて、サマーエコスタイルがファッションにもならないだろうか、と考えた。そこで、関西で活躍する若手デザイナーに頼んで、独自の夏用のジャケットをつくった。袖のないベストのようなタイプのものである。これを着て、あちこちの行事に出かけていった。

「男女共同参画社会を考えるつどい」に講師として招かれた女性は、講演の冒頭で言った。

「滋賀県に来てまず驚いたのは、知事さんの服装。今まで女性は、職場で冷房が効きすぎて寒いのをずっと我慢してきた。こういうことが広がれば、女性にとっても働きやすい職場になる。男女共同参画社会づくりを進めるうえでもいい。」

それまで「環境にやさしい」という観点の「サマーエコスタイル」だったが、

この言葉に、女性やお年寄りにもやさしい環境をつくることにもなることに気づいた。彼は言う。「男性の背広姿は、英国紳士のスタイルを直輸入したものであり、年中スーツやネクタイというのは、高温多湿の日本の夏には合わない。日本の気候に合うスタイルを考えればいいのではないか」

天の半分は女性が支える

彼が知事になって初めてのまとまった仕事は「男女共同参画推進計画」づくりだった。家庭や地域、職場などいろんな場に男女が対等に参画し、互いに生き生きと安心して暮らせる社会をめざそうという計画だ。

出来上がっていた原案に、彼はいろいろと注文をつけた。若い頃、中国を旅して、「天の半分は女性が支えている」という言葉に、強い印象を受けたという。それで自分なりの思いを込めたかったのだ。最終的に決定したのは深夜になっていた。出来上がった計画は「パートナーしが２０１０プラン」と名付けられた。

それからは、県のいろいろな審議会や委員会の人を選ぶときは、女性の登用を強調する。「委員に女性が十分入っていないものにはハンコを押さない」とまでいう。

その年の十月、出納長に女性を登用した。女性の三役就任は、滋賀県では初めてのことだ。全国でも女性の出納長は初めてだった。男社会の建て直しは、女性の目を通した財政運用から、と彼は考えたのかもしれない。

Ｇ８環境サミットをわかせたスピーチ

国際行事として、滋賀県にとって最近の大きな舞台となったのが、平成十二年四月に行われた「Ｇ８環境大臣会合」いわゆる「環境サミット」である。

この会合が日本で行われると決まったとき、日本中で多くの地域が手を挙げた。その数は十六になる。最終的に滋賀県が選ばれたのは、世界でも有数の古代湖として注目される琵琶湖があることと、その湖を守るために県民が力を合わせて進めてきたこれまでの取り組みが評価されたものだった。

この会合は、直接的には各国の環境大臣が行うものであり、一自治体の長である彼が参加するわけではない。しかし、会議の合間に、開催地の知事として、参加者に対してスピーチする時間が与えられた。これこそ、環境についての滋賀県のこれまでの取り組みや将来への決意を、世界にアピールするチャンスだ。原稿を何度も練り直した。いろんな人の意見を聴いて書き直した。スピーチは英語でやる。うまいジョークがほしい。それで二つの話を加えた。一つは、「琵琶湖の水は、以前はとてもきれいで、そのまま手ですくって飲むことができた。もしその状態を保つことができていたなら、その水をスーパーマーケットで売って、滋賀県はお金持ちになっていたかもしれない」というもの。もう一つは、「日本は車社会。自動車が道路を我が物顔に走っているが、私はゼロエミッション・カーに乗っている」と言って、自転車に乗っている彼の姿を映

▲G8環境大臣会合でのスピーチに用いられたスライド

し出すというものだ。

本番の日、練習不足がたたったのと、手元の照明が暗くて見にくかったというこ ともあって、スピーチはつまり気味だった。しかし、スピーチの最後まで来て、二つ目のジョークを言って、彼が短パンで自転車に乗っている姿が映し出されると、会場にどっと笑いと拍手が起きた。そして予定された八分を少し超過して、彼のスピーチは終わった。盛大な拍手に包まれた。

明るく　楽しく　たくましく

彼の生まれ育った家は、栗太郡栗東町にある。

代々が農家の家で、母はふだんその家にいて、公舎では妻の靖子さんと二人暮らし。子どもが三人いて、長男は結婚して神奈川県で暮らしている。次男は現在東京に住んでおり、三男はこの春就職して、現在静岡県で研修中である。

彼ら夫婦は共に、「健康いきがいづくりアドバイザー」という資格を持っている。彼はこの制度ができて、資格取得の第一期生である。知事にならなければ、二人で「YYKライフデザイン研究所」をつくっていたはずだった。家を改造し、名刺までつくって準備していたそうだ。ちなみに「YYK」とは、「よしつぐ」の「Y」と「やすこ」の「Y」、それに「くにまつ」の「K」だという。「みんなでワイワイやる」という意味も入っているらしい。

「YYK」がスタートしていたら、メガネのボクも一緒にワイワイやっていただろうが、今のところは靖子さんが、県内のアドバイザー仲間と「びわ湖一周ふれあいウォーク」などの各種活動を展開中である。

公舎へ入って約二年後の五月、公舎で長男の子、つまり初孫が生まれた。女の子である。湖のそばで緑の萌える季節に生まれた子ということから「ここも」と名付けられたそうだ。公舎の食卓のビニールクロスの下には、彼女の写真が何枚も入れてあって、彼は「おはよう」とあいさつしては朝食をとる。

普段、ここも嬢は公舎にはいないが、時々親につれられてやってくると、「ちじ」の顔は「じじ」になってしまう。

知事という仕事は、責任が重い。そして難しい判断を迫られることもある。「知事になってまず感じたのは、椅子に背もたれがないということだ」と彼は言う。最後は他にだれも頼るものがなく、自分で決断していかなければならない。でもその道を彼は選んだ。

「明るく　楽しく　たくましく」が信条である。

第四章

第32回 知事と気軽にトーク

國松知事は、就任以来毎月、県庁の外に出て地域で活動している人々と直接意見交換を行う。名付けて「知事と気軽にトーク」。

ここに収録したのは、平成十三年三月二十日、県北部の高月町宇根区の方々とのトークの内容である。宇根区は一〇八戸、四五〇人余り。平成十年十一月には手作りの「世界一小さな博物館」胎内仏資料館をオープンさせ、話題になった集落である。

（紙数の都合で発言の一部を割愛した）

出席者

Aさん（司会・五十代男性）
Bさん（四十代男性）
Cさん（四十代男性）
Dさん（六十代男性）
Eさん（五十代男性）
Fさん（四十代男性）
Gさん（五十代女性）
Hさん（四十代女性）
Iさん（四十代女性）
Jさん（五十代男性）
Kさん（小学五年生男子）
Lさん（小学五年生男子）
Mさん（小学五年生男子）
Nさん（小学五年生女子）
Oさん（四十代男性）
Pさん（三十代男性）
Qさん（三十代男性）

國松　みなさん、こんにちは。今日は、祭日ということで、しかも天気も良いですから、それぞれご予定があったんだろうと思いますが、ご参加いただきまして、ありがとうございます。

実は私、知事に就任させていただいて以来、月に一度は必ずどこかに出かけ、こういう格好でいろんな方にお目にかかっています。しかも、車座になるような格好でざっくばらんにご意見をお聴かせいただき、また、県の考えていることも申し上げるというようなことをしております。

月に一度と言っても、一年に十二回。知事の任期は四年ですから、なんぼ頑張っても四年に四十八回しか行けないということになります。滋賀県には五十市町村あり、全部回れんということに気づき、途中から、月一回ではいかんなということで一日に二回やらせていただくことにしました。

今日もそういうわけで、夜の部と昼の部と行うような格好になっております。

どうぞよろしくお願いします。

A　区長のAです。司会をさせていただきます。知事との一問一答という形で進めさせていただきます。本当はそれに対してもう一回聞きたいというのもあるでしょうけども、時間の都合もありますので、一問一答ということでよろしくお願いします。それでは、今からトークに入ります。

「琵琶湖固有種の保存を」「減反政策と今後の農業のあり方」

B　私は鮒とか鯉を捕るのが趣味なのですが、年々捕れる量が減ってきております。ブルーギルとかブラックバスといった外来魚の影響が大きいと思います。外来魚は本来琵琶湖にはいなかった魚であり、昔から琵琶湖にいた固有種のホンモロコやニゴロブナといった魚が、私たちの時代になくなってしまう、あるいは絶滅してしまわないようにお願いしたいと思います。

同時に、産卵場所が減少したのも原因かと思います。ヨシ原とか内湖が減少したり、また、その他の原因としまして、水質が変わったり、護岸工事の影響とかいろいろなことが考えられると思うんです。私の小さかった頃には、その辺の小川にも鮒やめだか、鮎などがおりましたが、今は見る影もありません。かつての小川の様子を、今後、子ども達に残していきたいと思いますが、知事のお考えをお聞きしたいと思います。

C　今年になって初めて、田んぼのことで実組長という役をさせてもらっていますが、平成十三年くらいから生産調整に関して五カ年計画があるそうです。当初五年間で二五％くらいということで計画が始まったようですが、去年の段階で、既にもう二・五％追加ですよ。特別にもういっぺん生産調整してくださいという形で来るんです。去年の実組長からこれを一応引き継ぎましたが、今年になって早速また三％追加してくださいということです。五カ年計画で二五％と決めていながら毎年徐々に何％ずつでも上がっていくと、五カ年計画の最後の段階では、四〇％近い数字になってしまいます。補助金がそれぞれについていますから、一応それなりの評価もできるんですが、補助金がカットされるようになればいったいどうなるんでしょうか。

元々宇根区自体はみんなが農家で、田んぼに携わっていたのが、段々減ってきて、今では四〇％位しか携わっていません。どこの村でも同じでしょうが、後継者が少なくなり、徐々に田んぼから離れ、田んぼをつくらなくなっていくという状態になっていくと思います。

僕らは大事な米をつくったり、野菜をつくったりする田畑を守っていくべきだと思うんですが、次第に不安な材料がでてくると、僕らの子どもに、その子どもが後継者になったときに、農業自体がどうなっているのかということがはっきり言えなくなってしまいます。今後の農業のあり方がどのようであるかというところの知事のお考えを、お聞きしたいのです。

司会　気軽にトークと言いながら、やはり最初から切実な問題が出てきました。知事さんよろしくお願いします。

國松　まずはBさんの意見で、昔からいる魚が、とくに琵琶湖の魚がどんどん減ってきているということについてですが、私どもも心配し、何とかできないだろうかと、関係者でいろいろ苦労しているというのが正直なところです。特にフナとかモロコが卵や稚魚の段階で外来魚に食われてしまうということですから、外来魚を何とか撲滅したいと思い、今のところそれを捕っていただいたらお金を出すという形をとっています。

ブラックバスについては一時ものすごく増えたのですが、このところ減りつつあります。しかし、やっぱり他の魚を食ってしまうという点では問題があるということです。

ブルーギルの方はまだまだ減らないどころか、どんどん増えていくという状況です。これを何とかしたいということで、今のところ、漁業関係者にちょっとでも捕ったらその分お金を出して、駆除作戦を行っているわけです。

農水省の中には、外来魚も結構釣る人にとっては楽しいんだから場所を区別して日本中に外来魚OKという特定のところをつくろうという話が出ています。そんなこととしてもらったらますます、釣った人があちこちで放してしまったりして、いよいよおかしくなるという心配がありましたので、私も先週農水省へ行って、副大臣にお目にかかって、何とかそれだけはやめてくださいと申し入れをしてきたところです。琵琶湖が非常に古い湖だということもあって、ここに住んでる魚そのものが、非常に学術的にも貴重なものです。いわんや滋賀県ではそれで生活をしている方がおられ、しかも自然の魚の習性を巧みに利用したような形で捕るという伝統的な漁法で捕っています。また、栽培漁業という形でたくさん卵を産ませたり、あるいは育てたりしながら、努力しているわけですから外来魚対策は必須の問題です。国会でもこれから大いに議論をするという話にはなっていましたので、国会議員の先生にも、是非変な議論をしないでほしいということも申し上げてきました。

いずれにしても、琵琶湖の伝統的な魚が大変減ってきましたので、ちょっとでも増やす方法を考えたいと思い、水産試験場でいろんな研究をしています。そして研究の成果を活かして良い方法が見つかった部分についてはどんどん実行しています。稚魚の放流についても最初小さいやつを放流してたんですが、余計食われてしまうということがわかり、放流する時の大きさを加減して、簡単に食われないというような状況にしたり、あるいは、産卵場所をちょっとでも増やそうということで、ヨシ原をつくっています。それ以外にも、魚の巣に、産卵場所になりやすい所をつくるということも努力してますし、これからも努力します。もっともっと魚のいる昔の状況に戻したいと思っています。

川に、最近、確かに魚がいなくなったという部分もあるのですが、一方、魚が戻ってきたという部分も出てきました。例えばホタルが戻ってきたとか、シジミが戻ってきたとか、あるいはドジョウも戻ってきたとか、一時期のことを比べるといろんな成果が上がっておりま
す。しかしながら、もっともっとさらに努力をしていくということにしたいと思います。
それからCさんのおっしゃった実組長というのは？。

司会　実行組合長のことです。

國松　実行組合長のことですか。それなら私も経験したことがあります。
生産調整というのは今始まったことではなくて、もう既に二十年くらい前からあるのです
が、要は米がたくさん穫れるようになって、おまけに米をみんなが食べなくなったというこ
とが問題なんです。つくっている者同士が一定つくらないという取り決めをし、それに対し
て補償もしようということでやってきました。新しい計画をつくったのですが、計画をつ
くった時点ではそれなりに計算しているものの、それ以上に穫れるようになってくるとか、
ようけ食べなくなるとかいうようになってきますと、やっぱりその計画を一部修正しなきゃ
いけなくなるんです。やっぱりたくさん穫れすぎたときは、それなりの調整をさらにしなき
ゃいけないということなんです。けれども、ご心配のような形でどんどん修正されて、しま
いにおかしくなるということはありません。そんなご心配のようなことにはならないように、

これは国も考えていってもらうことになりますし、県としても努力をします。

ただ、今、滋賀県は全国で一番少ない率で割り当てをしてもらってるわけで、よその府県はもっと多いんです。むしろ私は、今までのように米をつくらないで麦や大豆を作れば奨励金を出すという形のほかに、もう少し滋賀県が知恵を絞っていく必要があるんじゃないかなと思っています。

しかし、まだその結論が得られておりません。とりあえず国の政策に乗りながら、この十三年度から始めます。その一つは、麦や大豆の転作奨励だけでなくて、奨励金の対象にならないナタネとかレンゲとか、いわゆる景観としてきれいな作物をつくっていただいた場合は、県として補助金を出そうということにしました。

とくにナタネの場合は、菜種油で自動車が動き、トラクターも動く、船も動くということがわかりましたので、一旦天ぷらなど食料用に使った後、廃油でエンジンの代替燃料にしようということで、そのための補助金も設けるということを考えています。まあそれはちょっと、滋賀県だけが取り組むことになりますが。

要は、これからの農業は、とくに滋賀県の場合、水田の農業が非常に多いものですから、水田の農業で国の政策にも協力しながら、やはりもうちょっと滋賀県らしい農業を考えるべきではないだろうか。しかも儲かるということも大事ですし、また、儲かるだけじゃなくて楽しいというような農業を考えられないだろうかと。食料をつくるだけでなく、農業そのものが健康になるということとか、あるいはまた、田園風景が非常に良いということで、今年（二〇〇一年）の春と秋に米米フォーラムを湖北一帯で行いますが、農業してる方はもちろんですが、農業やっておられない方にも、田園風景をもっともっと楽しんでいただきたい。そして、やってる方も楽しいし、そこへ来て一緒に体験していただくというようなことも含めて、新しい農業を考えようとしています。

司会　それでは、続いてDさん、よろしくお願いします。

「竹生島のカワウ対策を」「公務員も民間経験を」

D　竹生島のカワウについての対策についてお聞きしたいのですが。竹生島の景観を戻すためにも、竹生島からカワウがいなくなるような方法を考えていただきたいと思うんです。知事の任期中に何とか始めてほしいなと思います。

司会　ありがとうございました。自分が生きている間にそれを見届けたいという切なるご希望でございます。次、Eさんお願いします。

E　提案みたいなものですが。公務員の採用についてです。現在は学校を出てすぐ採用となっていますが、これを学校を出て三年ほど民間会社に就職し、そこで、挨拶の仕方、お辞儀の仕方、また、ＱＣ（Quality Control：品質管理）手法の問題解決等の民間会社の厳しさを学び、その後採用試験を受けられるようにしたらどうかと思います。現在も三カ月か半年ほど、デパートとか、民間会社等に職員を派遣され、研修されているみたいですが、全体から見れば一％にも満たないのではないのでしょうか。県でも少数の社会人採用をされているみたいですが、これを全職員、全公務員に適用したらどうでしょうか。民間会社の厳しさを経験してこそ、県民に親しまれ頼れる公務員になれるのではないでしょうか。

学校でも頭でっかちで、生徒の悩み、相談も専門のカウンセラーに頼らなければならない先生が多くなってきていますが、自分が民間会社で学んだことを経験として、指導、相談にのってあげられ、よきアドバイスができるのではないかと思います。生徒が先生を頼り、学校生活が楽しく、いじめがなくなり、登校拒否等がなくなるような気がします。

司会　では、知事、お願いいたします。

國松　カワウの話ですが、私も実際に行って竹生島の姿を見ますと本当に痛々しくて何とかならないのかというふうに思いました。アユの漁業の方でも非常に大きな被害が出てますのでね、何とかならないのかなと思っています。ただ、なかなか良い手がないのです。既にご承知いただいているように、それなりにいろんな手を尽くして今までやってきたんですが、何しろあそこが鳥たちにとって安全な場所だということを彼らは本能的に知って、ああいう形になってしまっているのです。今年も撃ったりいろいろと手を尽くしていますが、決定的な手がないというのが現状です。これからもちょっとでも良い知恵があれば実行していこうと思ってますし、また、木を植えるということも併せて行おうと考えています。率直に言って良い答えがないというのが残念ながら現在の状況ですが、これからも努力をさせていただこうと思います。

それからEさんから率直な提案をいただきました。今もご紹介いただいたように、現に三年ぐらい民間会社におられたような方を採用するということもやっていますが、今のお話で言えば全員にそういうことをやったらどうかということで、それも一つの提案だと思います。同時に、全員にそうやったら良いというもんなんだろうかとも思います。要は、住民のみなさんの立場、気持ち、あるいはまた、民間のご苦労というものを行政の中に、いかにうまく活かせていくかということだろうと思います。その方法の一つとして今のお話があるようなことで、それはそれで大事なことだと思います。また、最初だけではなくて、もうちょっと年いってからも、やはり立場立場によって勉強するということは大事なことですから、要所要所でやっていくということも含めて考えたいと思います。

司会　カワウの件につきましては、宿題というような形になるようですが、よろしくお願いします。

國松　良い案があったら教えてください。（笑い）

司会　じゃあ、Fさんお願いします。

「教員の現場から」「柔軟な介護サービス体制を」

F　私、中学校の教師をしております。現在、私が勤めている学校の担当している学年、百五十名ほどの生徒がいるのですが、その内約十名近い生徒が、学校へ来にくい、もしくは、ほとんど学校へ登校できないというような状況にあります。これは、他学年、または他の学校でも、また、小学校、中学校、あるいは高等学校も含めて、かなり深刻になってきています。全国的にも言われていることです。そんな中で、基本的には学級担任が対応するわけです。学校に来ている子どもの対応をするのは日常の勤務ですが、当然、そういった子についてはそれ以外の部分でしか対応できませんから、結果的には、どうしても負担増ということになってきます。段々そういったことが増えてくると、本来教育でやっていくべきことなのでしょうが、対応に限界が出てきます。そんなときに、教師はいろんなことができることも必要なのでしょうが、やっぱり抱え過ぎではないかと思います。例えば、他の企業の職場が、必ずしもたくさんの他の仕事を体験しているということでなく、逆に特殊化している現状があります。教師にだけ、あれもせえ、これもせえと言われても、いろんなことがありますから、限られた人数の中では対応しにくいのです。最近では、スクールカウンセラーなどの対応策をされてますけども、まだまだ現状に対して不十分だと思います。そのためにはどうしても人の配置が必要となります。自分達の日頃の教育も見直さねばなりませんが、人の配置というのは非常に大事だと思います。

二つ目は、私、子どもが二人いて、もう高校生になり、いろんな将来の希望を持っていますが、二人ともふるさとを離れて遠くへ行きたいといいます。自分のやりたいことと関連する部分がこの辺にないということも原因ですが、なかなか地域に残ろうとする子が少ないのが現実です。やっぱり、ふるさとづくり、まちづくりがこれからますます大事になってくるので、若い力を活かしていく、そういうふるさとであってほしいなあと思います。

司会　Gさんお願いします。

G　介護保険がはじまり、もうすぐ一年が経とうとしています。私、社会福祉協議会の方で臨時のホームヘルパーとして時間外の時にもお伺いしたりして働いていますが、ご利用されているお年寄りの方は、お一人でお暮らしの方とか、老夫婦でお住まいの方が多いんです。この制度が始まったことを大変喜んでおられますが、いずれはどこかの施設に入らなければいけないという不安を抱えてお暮らしになっています。近くのところで施設に入りたいという気持ちはありますが、やっぱり、ショートステイにしても三カ月、同じ所では入ることはできません。また一カ所から次の所へというふうに移られるケースがあるようにお聞きしてます。訪問介護にしても、利用者のお洗濯物はできるが、家族の方のお洗濯物はできないとか、入浴も、午前中にしてしまいたいというような、この辺だけか県全体なのか分かりませんが約束事があり、なかなか柔軟なホームサービスができていないように思われます。行政として、施設に入らずにお家の方で介護されている方を考えた時に、もう少し柔軟な体制を取っていただくことができないかなと思います。

司会　それではよろしくお願いします。

國松　まず、Fさんから教員としての現場からの声を聞かせていただきました。確かに、今学校で、一部の子どもたちが学校に馴染めないといった問題が出ているということは私どももよく承知しています。そうした子どもたちにきちっとした対応ができる体制としてカウンセラーを各学校に置くように進めていますが、ただ一つ言えることは、先生ばかりが責任を負うのは酷というより筋違いであって、みんなで考えないといけないということです。

日本の歴史の中で今の時代ほど学校にお金をかけ、長い間学校に行くような社会をつくった時代はないと思います。みなさんのご両親の時代、あるいはもっと前のこと、ずうーっと考えてみてもそうなんです。ところが、今ほど子どもたちにいろいろ問題が起こっている時代もないということもこれまた現実です。それに人間以外の動物は学校をつくっていないのに子育てにそういう問題を起こしていない、という現実を見ますと、これ、Fさんもおっしゃっているように、学校が全部問題を抱え込んでしまっている部分があります。もっと以前の問題で、学校に行くまでの段階に、きちっとしたことをするという努力をしないと、全部学校の方に問題が出てきてしまって、なおかつ学校でも対応できなくて、結局子どもたちはそのまま大人になっていくということになってしまいます。最近のいろんな事件を見ていますと、子どもたちが大人になりきれない姿を目の当たりにしているということだと思います。先生の配置の問題もありますけど、それ以前の問題として、まず家庭で、あるいは地域で、この辺を考えないと、単純に学校の先生の数の問題だけで議論してもなかなか解決できません。みんなで考えないかんなあというような感じがしています。

それから、ふるさとを離れていく人たちがいるので自然を大事にしたふるさとづくりをというご提案をいただきました。おっしゃる通りだと思います。私は、ふるさとづくりに自然を大事にするということは、人が離れる、離れないに関わらず、やっていかないかんと思います。みんながテレビなどの情報に動かされて、都会へ行った方が良いような感じを受けています。これは滋賀県だけでなく全国的な傾向です。むしろ滋賀県はまだ良い方なのかもしれません。けれども離れる人があれば、帰ってくる人もあります。大都会へ行って、「都会は病んでる」ということを発見して、田舎へ戻ってくる人たちも逆に最近は増えています。

私は、滋賀県は自信を持って、琵琶湖を中心とする県づくりをそれぞれの地域でがんばっていくことだと思っています。こちらの集落が大変がんばっていただいているように、それぞれの地域がみんなで汗をかきながら、がんばるということではないかと思っています。それでも、そういう中で離れていく人もいる。これはこれで良いんじゃないでしょうか。ただし、その人たちも、今の時代、やっぱりこのふるさと滋賀県の持ってる良さの方がうんと良いっていうことにきっと気づくはずです。

現に、滋賀県は日本一人口が伸びているんです。それは、滋賀県が他より良いっていうことなんです。当たり前のように住んでいると、ここが悪いように見えてしまいますが、滋賀県の方が良いっていうことは外へ出ればすぐにわかることです。一時的には出たり入ったりするのは大いにあっても良いんじゃないかと、一方でこんな感じもしています。

それから、Gさんの介護保険のお話について。一つには、施設に入りたいという人が介護保険をやったために増えてきたということです。もともと介護保険というのは、施設に入るというよりも家にいながら介護するということを前提にして、家庭だけでは大変なので、それを社会全体が支えようということを中心に考えた制度なのです。ところが、どうも今の時点の状況では、施設に入った方がいいというような傾向が出てきており、施設が急に足りなくなったという現象が出ています。足りない部分は施設を増やすという努力をこれからも続けることにしています。また、急いでいろんな計画を市町村ごとに立てていただいたり、あるいは民間の法人やNPO、住民の方が自主的にやっていただくようなことも含めて全体でカバーしようということにしています。

ただ、もうちょっと利用する側のみなさんも在宅サービスを上手く利用していただくということを考えていただいたらどうかと思います。何でも施設でという形でいきますと、これは間違いなしに今の保険料では足りなくなります。今、私がスタッフに言っていることは、この四月でまる一年になりますから、できるだけ早く、今ある問題の中で国が考えなきゃいけないことと、県が考えなきゃいけないこと、市町村で考えていただくこと、そして利用者の方に考えていただくこと、しかも利用者も、家族が考えていただくことと、実際利用される方が考えていただくことというふうに、問題を整理し、その上でこれからの介護保険をよりみんなが利用しやすいように、しかもみんなで支えられるように仕組みを考えていこうということです。そして、四月以降、集中的に全県下の状況を把握させていただいて、国には夏に、そして県がやるべきことは秋に、そして市町村でやっていただくことは、今年、十三年いっぱいかかって方向づけをしていただこうと、考えています。

司会　はい。限られた時間の中で申し訳ありません。休憩なしで進めていきますのでよろしくお願いします。まず、Hさんお願いいたします。

「南高北低の県政では？」「琵琶湖の水質の状況とレジャーボート対策」

H　県内の南部の方ではいろいろな施設やスポットがたくさんあって発展していますが、北部に関して、知事さんとしての地域づくりの考え方など、何か思われていること、イメージされていることがあれば聞かせてください。

司会　いわゆる南高北低という問題ですね。次、Ｉさんお願いします。

Ｉ　身近なことですが、婦人会では年に二回、川掃除をしています。県一斉の美化運動ということで、滋賀県一斉で川掃除をしておられますが、十年前、二十年前ぐらいから比べて、ごみも少しずつ減ってはきていると思いますが、琵琶湖の水質の方は良くなっているのでしょうか。

司会　Ｊさんお願いいたします。

Ｊ　船舶の登録をして船籍票というのを発給する業務を県でやってみえると思うんですが、それが来年四月一日から、現在五トン以上しかやっていないものを五トン未満の船舶についてもすべて登録制度を取り入れようということで準備作業が進められています。そういう法、制度というものができてきますと、特に、琵琶湖を抱える滋賀県としては、例えば、不法係留の問題であるとか、あるいは、船舶などの盗難とかいった犯罪の抑止効果という意味でもかなり関心を持たなきゃいけないところじゃないかと思うんです。先ほどから話が出ているブラックバスなどが、レジャーにも結びついて、バスポートがすごくたくさん出ています。それは、滋賀県民だけが琵琶湖を利用して遊ぶというだけにとどまらず、他府県から船ごと持ってきて、入ってこられるケースも今後随分増えてくるんじゃないかと思います。船舶が増えてくると、マリーナその他の環境整備や琵琶湖の保全などの問題などの面でも、新たな法律が必要になるんじゃないかと思います。

その場合には、前もって国へ依頼するとか、お願いするとかいうようなことがあれば、事前に検討すべきではないかと思います。

國松　まずHさん、県が南部の方にいろいろ手厚いことをやってて、北の方はどうなってんのやという感じのお尋ねかなと思って聞いていました。確かに、よくそういう話を聞きますが、正直申し上げて、知事という立場でこういうふうに県内を回らしていただいたり、私自身、年に一度必ず自転車で二、三日かけて滋賀県中回っている中での実感も含めると、実際、県が使ってる予算は一人当りに勘定しますと、間違いなしに北の方にたくさん出ているんです。あるいは道路をずーっと走ってますと、整備の悪いのはむしろ南の方だというようなことがあったりします。ただ、おっしゃるように、北の方から見ると南の方に人口がたくさん集まっている、あるいは県内で一つの建物をつくる場合は、全体の利用のことを考えるとどうしても南へ行ってしまう。びわ湖ホールも大津にある。というふうになるんです。ただ、そういうことだけではいかんのであって、県としては、それぞれの地域に特色のある地域づくりをしていきたいということで、例えば屋根つきのドームというのは県内に一つ、長浜だけにあります。あるいはまた、文化芸術振興のために、文化芸術会館を県内各地に造ってきて、そして最後、びわ湖ホールを大津に造ったんです。大学について言うと、県立大学はむしろ南に造らないで彦根に造りました。また、もっと北にも欲しいという強い要望がありますので、いよいよ長浜に大学が新しく造られることになったんです。この場合は、私の方からぜひ長浜にということで、長浜市の方にお勧めをしたんです。やはり、全体を考えていかなきゃいけないことには絶えず目配り、気配りをし、努力をさせていただいております。

それと、もう一度みなさんにもお考えいただきたいんですが、滋賀県中が例えば草津や大津みたいになったら良いのでしょうか。私はそうではないだろうと思います。北は北の良さがあり、あるいは東は東の良さがあり、湖西は湖西の良さがあるというふうに、それぞれ地域の特色があると思います。それを大事にして、その中で不公平になってる部分については限りなく公平な方向に持っていこうとしています。何もかも同じようにするということよりも、その地域の特色というものを大事にしていくということがより大事ではないかと思っています。

それから、Ｉさんから琵琶湖の水質はどうなってるんだろうというご質問がありました。琵琶湖の水質は大ざっぱに言えば、ちょうど日本の高度経済成長がはじまった昭和三十年代後半から汚れ出しているんですね。工場がどんどんできたということもあったでしょうし、生活排水の面でも、それまでですと川がきれいにできる力の範囲で流してたのが、だんだん、それ以上にいろいろ流すようになってしまったということで汚れてきました。現在は、汚れが進むのは止まりました。そう言えると思います。それは、工場には規制を厳しくして、そして暮らしの方でもそれぞれが注意してきたからですが、もう一つ決定的な大きな力になったのは下水道です。

昨年、日本で下水道がはじまってちょうど百年という年でしたが、滋賀県は建設大臣（注：当時）から表彰を受けたんです。というのは滋賀県の下水道の整備は遅れていたんですが、都市側からも農村側からも急ピッチで進めましたので、今や全国の下水道の普及率に追いつきました。そして、農村部だけで言えばもう確実に追い越しています。東京や大阪なんかを入れるとちょうど平均まで来たんですが、間もなくそれも追い越してしまうというところまで非常に急ピッチで進めております。それで水質の汚れは止まりました。

けれど、人口はこれからも増えます。それから産業も発達させていかなきゃいけません。その中で、琵琶湖の水質をどう守るのか、しかも止めるだけではなくて、もとのきれいな水を取り戻すというところまでいきたい。

昨年「マザーレイク21計画」をつくったんですが、二十年かかって、昭和四十年代の水質に戻そうと。しかもそうするためにはどうしたらいいのかといえば、琵琶湖をきれいにするためには琵琶湖に流れ込んでいる川をきれいにすること。そして、川ごとに、責任を持って、目標を決めて、しかもその目標に向かって役割分担を決めようということです。行政がやらなきゃいけないことと、企業がやっていただかなきゃいけないことと、消費者として住民がやらなきゃいけないこと、あるいは農業者としても考えていかないといけないことがありま す。この頃、農業が汚染の原因になってるということがはっきりしてきましたので、そういうことも含めて役割分担をしていこうと思っています。

長い時間がかかる取り組みになりますが、これを成功させれば、世界にも通じる、まあ発明に近い大きな仕事になります。

それからJさんのお話の小型船の登録のことです。詳細はちょっと分かりませんが、そのことによって滋賀県で不都合があるというようにはまだ聞いていませんので、不都合があるということがあれば、具体的に教えていただくなり、私どもの方でももう一度研究します。もちろん、言うべきことは言っていくということにしたいと思います。

それよりも、私が今考えていますのは、やはり漁船だけではなくて、琵琶湖でさまざまな船が行き来して、しかもいろんな利用の仕方があるようになってきましたので、いくつかの問題が起こっています。例えば花火大会の時に夜走ったために事故で亡くなったとかですね、水上バイクが水泳してる最中に、あるいは日曜日というのに朝早くからガンガンガン高い音を出している。もっと根本的に考えて、みんなが大事にして、みんなが快適に、素晴らしい琵琶湖を利用できるように、今、チームをつくって研究をしております。場合によっては規制をさせていただこう、場合によってはお金を払っていただこう、というようなことも含めて考えています。

司会　それでは大変長いことお待たせいたしました。子どもたちの質問です。K君とL君お願いします。

「子どもたちの発言」

K　僕は、少年野球をやっていますが、高月町にプロ野球選手が来るようなドーム球場を造ってくれませんか。

L　知事さんは、どうして知事になろうと思ったんですか。

國松　プロ野球が来るようなドームをという話なんですが、もう長浜ドームを造った上にもう一つ野球ができるドームを造る馬力はありません。申し訳ありませんが。ああいうドームはちょっと金がかかりすぎるんです。プロ野球の試合をするというわけにはいかないけれども、練習ぐらいはできるようにということで、特にこちらの方は霙《みぞれ》が降ったり、雪が降ったりするということですから、ああいうドームをつくったのです。夢としてはわかるんですがね、これはちょっと無理やなあ。（笑い）ごめん。

それからどうして知事になったのかという話なんですが、私は、知事になる前は滋賀県庁に勤めていました。元々その前は大阪府庁に勤めていたんです。栗東町生まれなんですが、それこそさっき学校の先生がおっしゃったように、私も青い灯、赤い灯が良いと思って大阪へ行ったんですけども、やっぱり滋賀県が良いと思って、途中で滋賀県に帰ってきました。そして、県庁に勤めて、ちょうど今から三年前に六十歳で定年になり、その時に知事選があったのです。まあ、私なりに今までの仕事を通して滋賀県のことをいろいろ見たり聞いたりしてきましたので、よそに負けない良い滋賀県をつくりたいと思って立候補しました。

司会　じゃあ、あと二人、小学校五年生。まずM君お願いします。

M　知事さんが知事になって良かったなあと思った時はどんな時ですか。

司会　Nさん。

N　國松知事は子どもの時どんな子だったんですか。

國松　知事になって良かったなと思う時はね、やっぱり一生懸命やったことがみなさんに喜んでいただいたり、あるいはみなさんと一緒に滋賀県を良くしようということで、気持ちが一つになってがんばっている時とか、あるいはよそから、「滋賀県、最近元気やなあ」なんて言っていただく時です。昨年、先進国八カ国の環境大臣会合というのが日本で初めて大津であったんですが、その時に地元滋賀県知事として歓迎のスピーチを、ちょっと急に勉強して英語でやったんですが、滋賀県は琵琶湖があるんでこういうように琵琶湖を守る取り組みをしてるんだといろいろ説明しましたら、非常に評価してもらいました。さらに、小学校五年生の子どもたちが琵琶湖で一泊二日の船の体験をしてるんですよ、というようなことを言ったら誉めていただいたりして、滋賀県のためにみんなで努力してることがみなさんに評価される時は大変うれしいです。

それから「子どもの時は、どんな子だったか」ということですが、僕は四月一日生まれなもんですから、同い年では、一番早く学校に上がることになるんです。小学校一年生の時に一寸法師の劇をやったので、「一寸法師」というあだ名をつけられていました。多分、小さくて、ちょこまか、ちょこまかしてたんだろうと思います。ただ、いろんなことにチャレンジするのが好きでした。

司会　知事さんの答えは勉強になったでしょうか。大きくなった時に、そういえば知事さんにこういうことを聞いたんだなということも思い出してもらえると思います。それでは、Oさんの方からよろしくお願いいたします。

「公共事業見直しをどう考えるか」

O　私自身は、小さい頃から魚釣りが好きで、ここ二十年ほどずっと夏になるとアユの友釣りに出かけています。よく行く、ホームグラウンドと言える川が高時川の上流の丹生《にゅう》川でして、丹生川には非常に大きな愛情を持ち、また、川からもいろいろ教えてもらいました。県内外からもたくさんの人が最盛期には訪れて、気持ちを一緒にして川に入っています。大阪から来て、福井まで行けば九頭竜川とか、日野川とか、全国的にもすごい名前の通った川があるのにわざわざ木之本で降りて丹生川に入る。そして、それがなぜかというと、日野川や九頭竜川にはない、すごい水のきれいさ、最後の清流と言ってよいほどすごく良い川だと、アユを見ても石を見ても、こんな川は全国にないと言います。

ところがご存じのとおりで、丹生ダムの建設がスタートして、一気に川は濁り、そして、漁協ももう管理を十分にしていないと私は捉えています。知事さんには実際に丹生ダムの真の目的は何なのかということ、また、今後、丹生ダムとか、丹生川漁協がどのようになっていくのかということをお聞きしたい。

それから、もう一つ、公共事業の見直しです。私は、公共投資は、もしかすると経済を活性化をさせるためにたまたまたまたそこに川があった、だから、地元に還元しよう、または、そうやって地域にいろんなものを還元することが目標でダムができたり、橋ができたりするのでないか、そういう見方をしています。丹生ダムにそれほどの大きなメリットがなかったのでないかなあ、もっと自然を大切にした方が良かったのかなあって、鮎釣り師の一人としては思ってます。今はもう、丹生川には全然通っていません。わざわざ福井県の日野川や九頭竜川まで行ってます。残念です。ものすごく。この川でずうっと過ごしたい、自分の子どもも一緒に行きたい、そういう思いでいた川が、それがなくなりつつあるということに非常なショックを受けて、今、このような質問をいたしたのです。

司会　じゃあ、もう一人。Ｐさん、お願いします。

「びわこ空港と県庁移転は?」

Ｐ　私はよく出張で国内、海外に行くこともあるのですが、湖北から飛行機で出ようとしますと、名古屋空港に出るのか、関空に出るのか、どちらにしてもすごく遠いんです。その中でびわこ空港を造るという話があって、今、ペンディング状態で、知事の総合判断ということで延びてますけど、私は実は欲しくないいんです。遠くても伊丹や関空の方が良いと思うんです。この、滋賀県の中で空港を造って果たしてどれだけ路線が飛ぶのかを考えると、その必然性がないのかなと思います。それよりは、この湖北から遠い伊丹や関空までの鉄道網ができるとか、在来線を整備していただいた方が良いのかなと思います。まずそれが一点。

もう一点は県庁なんですけど、ここから県庁に行くのもすごく遠いんです。大津市は限りなく京都に近い所にあり、なおかつ、確かに人口は多いと思いますが、その人口のうちほとんどが京都や、大阪で働いています。そういうところに県庁があって、そこから行政をされるというのも、なかなか遠くを見てするのも大変やなと思います。できれば県庁も米原辺りに持ってきていただければと思います。今、首都機能移転ということで、騒がれていますが、首都機能を移転するよりも前に県庁を持ってきて欲しいと思います。いっそのことですね、空港と県庁を琵琶湖の湖上に浮かべたらどないやろかと思うのです。琵琶湖の湖面の持続的可能な開発ということで、丘を切り開くよりも湖上を切り開いた方が経費的、コスト的にも安く納まると思います。地権の問題もありますし。そういうのを一つ考えていただきたいなあと思います。

司会　はい。じゃあ、ここで、お答えをお願いします。

國松　Ｏさんの、鮎釣りをやっておられる方の気持ちというのは、率直にそういうことだろうと思います。丹生ダムについて言えば、明らかにこれは治水、流域の氾濫その他の治水を何とかしたいということと、それから、下流の水がさらに欲しいという目的で計画されている事業です。公共事業というのは、今はたまたま経済がおかしくなってきているので経済を建て直すために、その手段という部分も一部あるということは事実ですが、それは元々目的があってやっているものです。その目的というのは社会資本の整備ということで、生命を守るとか、あるいはみんなが便利になるとか、そういうことのためにやる仕事が、ヨーロッパやアメリカに比べるとまだまだ遅れているんです。社会資本の整備を一定の水準にまで持っていくという、やらなきゃいけないものがまだできてない時に経済がおかしくなって、その経済がおかしくなった部分を建て直すのにそれが一定の効果があるということで、国が経済回復の手段の一つとして、本来やらなきゃいけないことをちょっとでも前倒しするという形で予算を使うということをやっておられるんです。私ども、県全体の財政も状況としては厳しいものがありますから、基本的にはそれよりも財政を建て直すことを一生懸命やっているのですが、国が国全体を良くしようとされるときに、滋賀県はそういうことに協力しませんということはできません。また、県としても社会資本の整備は急がないかんということがありますので、いずれやらんならんことですから、せっかく金を使えという状況なら活用しようと進めております。

ただ、おっしゃるように、特定の川のきれいな部分にダムをつくるということだけで言えば、そのダムをつくることによって流れがせき止められるのですから、今までの状態がなくなるという点は確かにあります。したがって、そんなことは安易にやっちゃいけないし、そしてまた、最小限でなければいけないということと、やり方についても、今までは割合に無頓着な部分がありましたので、自然を大切にする知恵を絞る努力が必要だろうと思っています。

それから、Pさんの方からですね、空港を滋賀県が造っても路線がどれだけあるんだろうかという心配をいただいておりますが、Pさん、日本に四十七都道府県あるのに空港のない県がどれくらいあるかご存じですか。

P　少なくとも、滋賀県とその周りの府県にはありません。

國松　ないですね。周りにない県は日本で滋賀県だけなんです。しかも、大阪から西は全部一つないし二つ以上あるんです。そして、こちらから東に行くと、石川県が今一つあるのを二つ目造っています。富山県にもあります。新潟県にもあります。秋田県にも山形県も青森県もみな二つずつあります。というように、空港のない県が十県ほどあるのですが、滋賀県を除いたら、必ず隣の県にはあるのです。滋賀県だけが空港のない県に囲まれている全国で唯一の県なのです。これをまずご理解いただきたいと思います。

それから、滋賀県というのは鉄道も道路も日本一発達した地域です。高速道路は滋賀県の栗東と兵庫県の尼崎につながったのが最初であり、新幹線も最初に通りました。ただ、考えねばならないのは、これからはグローバルな時代と言われるように、人や物や情報が日本の国の中だけではなくて世界、地球レベルで動くということになります。二十一世紀は、日本だけでは生きられなくなって、隣の韓国や中国やインドネシアなど、とにかく世界中が行き来するのです。しかも、行き来するのは人、物、情報なのですが、人と物は船に乗るか、飛行機に乗るかしないと動けないのです。そうすると、飛行場のない、港もないという県は、しかも空港が周りにもないというのは、日本で滋賀県だけなのです。だから、世界を視野に入れると、これからどんどんと最も不便な県になるということがはっきりしてるわけです。このことは、私はしっかり頭に入れておかないといけないと思うんです。

今、滋賀県は人口がどんどん伸びていますし、指折りの工業県です。大阪と名古屋のちょうど中間の、しかもそれが七十キロの距離にあるということで、ここに工場を建てれば作った物が大阪や名古屋にどんどん売れる、ここが便利が良く、鉄道も道路もあるから工場が来ていただいてるのです。しかし、これからは、その企業が滋賀県を出ようかという話になってくるのです。現に出ていった企業があります。そんなわけで、これからの時代を考えると、滋賀県を空港のある県にしておいた方が良いし、しかも、三重県も京都府も岐阜県も福井県も奈良県も使えるという立地条件がありますから、単に滋賀県だけのためにではないのです。

今の経済をより安定的にするというためなのです。空港がなければ今の経済活動、企業で言えば企業活動ができないという状況にあります。具体的に言いますと、滋賀県には税関は今までなかったんですが、三年前につくっていただきました。大阪税関の管内には支店のようなものが二十七あったのですが、二十八番目に、滋賀県に税関をつくっていただいたんです。二十八番目にできた税関が三年経ったら、その取扱高が、二十八の中で四番目になるほどの取扱量になったのです。滋賀県に税関ができたら、みんなそこを通るようになったのです。税関をつくっただけで企業のいろんな活動状況が変わりました。さらに観光は日本人だけではなく、世界から来られます。京都や奈良や滋賀の文化を見たい方にもご利用いただける、滋賀県へ来ていただける、また、滋賀はそういう場所だ、ということなのです。

それと、もう一つ考えないといけないのは、これからは緊急用の滑走路が要るということです。滋賀県が今つくろうとしているのは二キロ半の滑走路ですが、言ってみれば太い道路です。道路で言えば非常に短い道路ですが。その道路を造れば世界に通じることができる。また、緊急にいろんな飛行機が降りられるわけです。臓器移植をしなきゃいけない、そういう時には、空の便を使わないと緊急輸送ができません。災害だとかいろんなことを考えると、滑走路がないために滋賀県へは降りられない。しかも隣にも降りられない。というような状況にありますので、緊急の場合や、貨物のこと、観光のこと、国内外のことを考えると、やはり滑走路のある県にしておく必要があるだろうと思っています。

ただ、私が昨年、立ち止まってみんなで考えようと言ったのは、地元に十六集落があり、最初は全部反対だとおっしゃってましたが、昨年八月に十五集落については、わかったとおっしゃっていただきました。残る集落は、最初はトコトン反対だとおっしゃってましたが、最後は、反対も賛成も言わないから県と町で判断してくださいと言われたんです。私は、そういうことであれば、前進するのも方法ですがここしばらく立ち止まってみんなで考えましょうやと申し上げたんです。そして、ぜひ、将来のことを考えれば、今から空港のある県にする必要があるんではないかという議論をみなさんと随所でやらしていただいて、みんなで「うん、そうだな」とおっしゃっていただいたら実行しようと、考えております。

それから、県庁が遠いので移転をという話がありました。でも、滋賀県庁へは、五〇市町村どこからでも一時間半くらいで行けるのです。こんな県は他にありません。滋賀県は最も便利な県です。そして、大津にあることは、一見端っこにあるように見えるんですが、ここは扇の要ですので、実は案外みんな利用しやすい場所にあるということでもあるのです。未来永劫あそこが良いのかということであれば大いに議論があると思いますが、私は、今、県庁移転する金を使うより、他にまだやらなきゃいけないことがいっぱいあるので、今のところ考えていません。アイデアとしては、湖上に飛行機や県庁も一緒に造ったら良いというのはおもしろい考え方だと思います。しかし、琵琶湖を守らないかん、飲み水にしなきゃいけないということもあります。飛行場の場合は浮く飛行場ができるという技術が発達しているようですから、そういうことも考えられると思うんですが、なかなかみなさんのご賛同が得られないんじゃないかと思います。とくに下流のみなさんが、やはり、琵琶湖を汚すというイメージで受け取られるんではないかという気がします。ちょっとそれは考えにくいと思います。

司会　それでは、最後、Ｑさん、よろしくお願いします。

「滋賀のＩＴ推進計画は？」

Ｑ　滋賀県では年明け早々から、電子県庁を実現するために知事を本部長としてＩＴ推進本部を設置されましたが、推進計画の内容はどのようなものですか。また、いつ頃実現できるんですか。

國松　滋賀県のＩＴ戦略というのは大きく分けると三つあります。一つは、琵琶湖の周りに光ファイバーで情報ハイウェイというのをつくって、どこからでもインターネットが繋がるという状況をつくろうという基本的な計画の上に、県庁のいろんな事務の手続きを、ＩＴを使えるもの、インターネットを使えるものは徹底的に使って、県庁の仕事を県庁の中同士はもちろんのこと、県民のみなさんとのいろんな書類の手続き等についても可能な限りインターネットでできるようにしようということです。これは、県庁だけではなく、市町村の役場もできるだけ同じようにしていただくことが良いのではないかと思い、市町村にもお勧めしたいと思ってます。したがって、滋賀県の県庁と市町村役場ができる限りインターネットを使って住民サービスができるようにしようというのが一つ。二つ目は、行政の仕事だけではなくて、美術館とか博物館とか図書館とか、そういうものも大いにインターネットで使いやすいものにしようということです。三つ目は、企業関係ですが、中小企業のみなさんや、農家の方、商店の方も、インターネットを使って商売や、企業活動がしやすい環境をつくりたいと思っています。

（拍手）

司会 これで終了ということにいたします。最後に、今日のトークを通じての感想を一言お聴かせいただきますので、よろしくお願いします。

國松 どうも、みなさんありがとうございました。十分なお答えができなかった部分が多々ございました。その分は持ち帰り、精いっぱい、県政全体の中で努力をさせていただきたいと思います。そしてまた今日は、小学校の子どもさんも参加いただきました。子どもさんの率直な話には、正直、どれも十分応えられなかったことを申し訳なく思っています。これからも滋賀県を、よろしくお願いします。

第五章

國松さんの人生

元　中日新聞大津支局記者
唐木清志

▲びわこ地球市民の森づくり

二十一世紀最初の「みどりの日」に

二〇〇一年四月二十九日、二十一世紀最初の「みどりの日」。滋賀県では「びわこ地球市民の森」づくりのスタートの日になった。

野洲川（南流）の廃川敷に木を植えて森にする。廃川敷は幅百—二百メートルで延長三・二キロある。広さは四二・五ヘクタール、甲子園球場が十個入る。ここに県民が自分たちで木を植えて森をつくる。木を植えるのに二十年くらいかける。その最初の植樹の集いが四月二十九日に行われた。

守山市今浜町内の廃川敷に会場が設けられた。会場は間伐材を削ったチップが厚く敷き詰められた。三千人を越す参加者はふかふかするチップのじゅうたんに尻を下ろして式典に臨んだ。「森づくりサポーター」と染め抜いたグリーンのスカーフが参加者に配られた。ジャンパーを着て首にスカーフを巻いた國松善次知事があいさつした。

「野洲川は琵琶湖に注ぐ最大の川です。この流域は古くから人間が住んできた肥沃の地です。先人たちはここに長い歴史をつくってきました。氾濫もありました。水とのたたかいの場でもありました。二十一世紀最初のみどりの日、私たちはここへ大きな森をつくることを始めようとしています。平地に蛇行する野洲川の跡に、長い時間をかけて森をつくります。森は空気をきれいにし、人間や虫や鳥に生きる糧を与えてくれ、土にかえっていきます。森は自然そのものであり、小さな宇宙です。しかし二十世紀において、人間は自然に感謝することを忘れ、森を切り利用するだけでした。この反省に立って、私たちはここに森をつくろうとしています。五十年も八十年もかけ、自然に感謝し先人に感謝し、未来のために森をつくります」

参加者たちは孟宗竹で作ったスコップで土を掘り苗木を植えた。照葉樹や落葉樹を植える。明るい森にするためにはクヌギ、コナラ、エノキ、ヤマザクラ、モミジなど。緑濃い森のためにはシイ、カシ、タブ、ヤブツバキなど。広場や泉もつくる。琵琶湖の先まで幅百―二百メートルにわたり、三キロもくねりながら市街を縫う森。どんな自然環境が出現するのだろう。その光景を夢見て県民たちはこれから木を植えていく。

感謝の心に立つとき、人は自己中心から離れられる。この日の天気予報は夕方から雨だった。せっかくの植樹の日、いい天気になってほしいと思うのは人情である。が、考えてもみよう、植えられる苗木の立場になってみよう。木を植えたら水をやらなければならないが、三千人が植えた苗木に水をやるのは容易ではない。夕方から雨になるのはなんとありがたいことか。天は、天に感謝する県民の心にこたえてくれたのだろう。

國松知事はあいさつの最後に、地球市民の森づくりに向けた人々の力に感謝の言葉を述べたあと、こう締めくくった。「ちょうど植樹が終わるころ、天が水をやってくれるようです。天にも感謝します」。会場はわき、植樹が終わってまもなく、雨が降り出した。

滋賀県は真ん中に、県土の六分の一を占める琵琶湖がある。東に鈴鹿山脈、西に比良山地、北に伊吹山、南に比叡山。その山から流れ出す川は琵琶湖に注ぎ、瀬田川となって南に向かい近畿一円を潤す。琵琶湖は古くは淡水の海という意味で淡海《あふみ》と呼ばれた。縄文早期、五千―八千年前から人が住んでいた跡がある。その最大の遺跡が貝塚である。出土する貝はセタシジミが多い。貝塚は単なる生活の跡ではなく、食を与えてくれた自然に感謝する儀式の跡とされる。先人は自然に感謝して暮らした。地球市民の森づくりは、その心を取り戻すところから出発する。

國松さんが「森」を意識したのは昭和四十二年、大阪府庁の職員当時、西ドイツへ留学したときだったという。畑をつぶして森にしているのを見た。森を切り田畑を開いてきた人間の歴史に逆行する。聞いてみると、畑の作物を育てるには害虫を駆除しなければならないが、一番いいのは天敵だ。天敵さんの住み家になる森をつくっているのだという。それは食物連鎖の理にもかなう。ドイツも日本も同じように国土は狭いが、やることは反対だ。日本では農薬や除草剤まみれの農業である。國松さんは原点を見た思いだった。

かつて野洲川は下流にはいると、北流と南流に分かれ琵琶湖に流入していた。これを九年かけ一本化、暫定通水が始まるのが昭和五十四年だった。明治年間に新潟県・信濃川で行われて以来の、大規模な河川一本化事業である。その結果、広大な廃川敷が突如として生まれた。京阪神の発展や名神高速道路、新幹線の開通で、滋賀県の湖南地域へは人口が集中し出していた。そこへ巨大な空き地の出現である。奇跡のようなものだ。しかも県有地として国から払い下げられた。当然ながら、開発計画が山のように出されてくる。それを最終的には、すべて森にするという、これも奇跡のように、大構想に着手することができた。そこには國松さんが三十余年前、ドイツで見た「森に戻す」思想が原点としてあり、そして「時」が味方した。

野洲川廃川敷が生まれたのは、國松さんが大阪府庁から滋賀県庁へ入ってまもない時期で、むろんその利用方法に口を出せる立場にはなかった。しかし世の中の状況が、森実現に向けて動いていく。

まず、南北流を一本化するために農民は美田を提供したので、その分は廃川敷を農地にして還元することになっていた。そのためには川底の土地だから石を取り除き土を入れなければならない。さらに、一気に田んぼにはできなくて、最初は畑にしないといけない。時間のかかる事業なのだ。しかも畑は草が生え農作業の手がかかるし、農作物の価格は安定しない。それへ減反政策が重なった。農地にして返すという要望が薄れていった。そうこうして二十年経った。

國松さんは平成八年に総務部長に就任、予算づくりの責任者になった。九年度の予算づくりに当たり、部長会議で構造改革を宣言した。「いまの国や自治体の財政は先のない高速道路をスピード違反で突っ走っているようなものだ。快適なドライブだが、このまま走ると大変なことになる。滋賀県はただちに地道に下りて走ろう。急ハンドルを切って地道に下りる。各部長さんたちはシートベルトをしっかり締めて覚悟を決めてほしい。私はヘルメットを三個ほど用意します」

国の構造改革着手より早い。十年度予算は前年度比マイナスの予算を組んだ。十一年度から知事としてさらに二年連続マイナス予算を組み、十三年度もほぼ前年度同額の予算にした。財政立て直しのためとはいえ、これほど頑固にマイナス予算編成を続けた例は滋賀県政にはない。

その厳しい財政運営の中で、廃川敷の森構想は育てられた。九年度予算をつくるとき、廃川敷を都市公園にする計画が出てきた。「それより森をつくろう」といったが、だれも賛成しない。

翌年、十年三月末で定年退職というぎりぎりの、三月二十八日だった。「山に木を植えよう」という計画が出されてきた。國松さんはその計画に「平地に森をつくろう」という文を入れさせ、野洲川廃川敷を候補地として思いを込めた。

三月三十一日。國松さんは滋賀県庁を定年退職した。そして、稲葉知事の勇退に伴う知事選挙が七月に行われ、國松さんは新人四人によって争われた選挙で当選した。野洲川廃川敷に埋めた森づくりの種は、ここに芽を吹いた。

地球市民の森は県民みんなで木を植えてつくる。業者や専門家任せにはしない。名称も県民からの公募で決めた。

〈わたしたち滋賀県民は、琵琶湖淀川流域をはじめ、広く全国や海外の人々とともに、自然の恵みに感謝しながら、未来の子たちのために木を植えることを始めます。わたしたちが生きているうちには、完成した森の姿は見られないかもしれませんが、その志は、この地に永く植えられることになるでしょう〉

（「びわこ地球市民の森づくり宣言」より）

「農は国のもとなり」

國松さんには八十九歳になる母、みつ江さんが健在である。息子が知事になって知事公舎へ入ったあとも、栗東町の家で農業をしていて時々、公舎へ来る。ある日、公舎の応接室でお会いした。長いすにおられたお母さんが、やっぱり座った方が話しやすいと、いすをおりてテーブルの前に座り、私もいすをおりてテーブルの前にあぐらをかくと、國松さんも同じことをした。お母さんはにこにこしながら、昔を思い出してゆっくり話された。國松さんはテーブルに置いた両の手の甲にあごを乗せ、「それで、そのときはどうだった?」などと聞く。母の昔話を楽しむ子の風情であった。

◇　◇

近代が明けるとき、廃藩置県によって滋賀県が誕生した。栗東を通る東海道、中山道は国道に指定され、明治二十四年に関西《かんせい》鉄道(いまの草津線)が開通した。現代交通の要所となる時代の幕開けだ。

この東海道と中山道が分岐する街道に近い、栗東の出庭《でば》に國松さんは長男として生まれた。野洲川沿いの肥沃の土地で、縄文時代からの遺跡がたくさん出るところだ。家は代々農家を家業とし、家長は権左衛門の名を継ぐ地主の家だった。祖父権左衛門が健在のうちに父正一が戦死した。このため権左衛門の名は継がれることなく祖父で絶えた。

父が戦死したのは小学校一年生の七月だった。父は出征する日の朝、遺書を書いた。そして母のみつ江にいい残した。「善次がいるさかい、お前は安心してたらいい。自分は白木の箱で帰ってくる」と。父には二人の弟がいた。二人とも父より早く応召した。下の弟は戦場で撃たれ傷痍軍人となった。次の弟は戦死した。長兄の自分だけが無事で残っているという思いが、父にそういわせたのかも知れない。父は遺骨も遺品もない白木の箱で帰ってきた。

祖父、父とも読み書きそろばんに優れた文人だった。祖父は若い時から村会議員を務めた。父はカメラに凝り押し入れを暗室に改造して、現像、焼き付け、引き伸ばしまでしていた。男たちが出征した留守家族を訪ねては写真を撮り、慰問文と一緒に外地の兵士に送って喜ばれていた。

戦争終結によって、日本の古い社会制度は解体されていくが、土地所有関係での大きな変化は農地改革だった。地主・小作関係があらためられ、地主の土地が小作農家に譲渡された。大地主の多かった栗太郡では、農地改革で自作地が四九%台から八二%台に増え、小作農家は二六%から三—四%まで減った。地主だった國松家も土地を大きく譲渡することを余儀なくされ、耕作条件のよくない農地が残された。

三十二歳で戦争未亡人となった母を助け、國松少年は弟、妹とともに農業を守って働いた。いまのように機械化されているわけではない。農業は男手が必要だ。少年は貴重な労働力だった。「子どもらしい遊びもようさせられんかった」と母は述懐する。

祖父も父も本好きだったから家に本がたくさんあった。國松少年はその本にラベルを貼って子ども文庫をつくり、本の貸し出しをしたりして遊んだ。ウサギを飼ったり二階建てのニワトリの小屋を建てて飼ったり、家を助けながら遊びも創意工夫で楽しんだ。

父は「トラは死んでも皮を残す、人は名を残せ」と教えた。祖父からも父からも國松家の跡取りとして、幼少のころから頭を鍛えられたようだ。小学校に入る前に「いろはにほへと」を、終わりの方から「んすせもひえ」と、いろはの最初まで暗誦していえるようになった。「風呂の中で暗誦したのをいわされて、間違えずにいえるまで湯から出してもらえんかった。いまでもすらいえますよ」という。

高校を卒業するとき進路に迷った。初めての人生の悩みだった。そのある日、母が仏壇の引き出しから父の遺書を出した。便せん二枚に墨痕たる筆でしたためられた遺書を初めて見た。「我大義に生きる。……農は国のもとなり　善次は國松家の長男として國松家を継ぎ　農業につくすべし」。農は国のもとなりとは、江戸時代の思想家、安藤昌《しょう》益《えき》が説いた。「農業ノ道ハ、大国・倫理、自然具足ノ妙道ニシテ、天下ノ太本」なりと。日本の潔い農家によって昌益の思想は受け継がれてきた。進路は決まった。県立農業短大に進んだ。やがては中央大学法学部を卒業するが、農につくせという父の遺志は、人生最初の迷いを断つときに生かされた。

　最初の勤務先に大阪府庁を選んだのは、給料が一番よかったからだ。国家公務員よりよかったという。朝六時半に家を出て通勤した。きつい通勤が続けられたのは「若かったし、大阪には赤い灯青い灯がたくさんあるさかい」と笑う。

　琵琶湖を通って淀川の先へ、毎日上り下りした。國松さんの中では、琵琶湖と淀川は一体であるという、行政区域を越えた感覚が自然なものになっていったろう。

　母は地元に勤めてもらうのが願いで、地元の知人などに〝就職活動〟をしたが、息子に母の気持ちは通じず、大阪へ行ってしまった。「小さいころからよく働くいい子で、親に心配かけるようなことはなかったのですが、進学、就職と、大きくなるにつれて心配をかけることがだんだん大きくなりまして」という。

　で、「知事選に出るときはどうでした？」。母は「もうかなわん」と笑ってしまった。

琵琶湖問題を担う

國松さんがドイツ留学を経たあと、滋賀県庁へ入り故郷へ戻ってきた翌年、私は名古屋本社から、琵琶湖に発生した赤潮に招かれるように大津支局へ赴任した。一九七七年九月だった。琵琶湖のような巨大な湖が赤潮が出るほど汚れ、飲めなくなるような危機を人類は経験したことがない。みな呆然自失の中に降り立ったという感じで、私自身もどうしたらいいかわからなかった。しかしそれまでの取材経験から、学ぶべき先例や教科書は必ずどこかにあると確信していた。

県庁の取材を担当してみると、國松さんはひと味違っていた。広い目で市民の目で、ものをみることのできる職員だった。私は水政課の國松さんのところに出掛けては、雑談を楽しむようになった。

二年連続して赤潮が発生した年の六月、愛知県岡崎市で流域研究会があった。第三次全国総合開発計画（三全総）が示した流域定住圏構想について、推進者である下河辺淳国土事務次官が出席し、国、自治体、住民が討論しようという初の研究会だった。愛知県には矢作《やはぎ》川の水を守る住民、行政一体の流域運動がある。三全総の流域定住圏構想は矢作川の実践を背景にできたといわれ、矢作川の運動が研究会のテーマのひとつになっていた。

この研究会に水政課から國松課長補佐ら三人が出席した。研究会で國松さんが下河辺次官に質問した。赤潮発生という異常事態の琵琶湖を抱える滋賀県からの発言である。会場は緊張した。

國松さんはこういった。「流域圏が成功する条件は、魅力づくりにかかってくる。そこで二つ問題がある。時間がかかることと、そのために効率の悪い行政をしなければならないことだ。財政の壁にぶつかることは目に見えている。そんな場合、例えば流域単位で自治法の一部事務組合をやることはできないか。魅力づくりは住民参加の形でないとできないと思うが、財政システムを組み合わせた住民参加をどう確立したらいいか」。

「三全総では、琵琶湖の回りに人口をはりつける計画になっている。しかし二年連続して赤潮が出たことでもわかるように、環境の保全体制が整備されていない段階で、人口をはりつけてこられるのは問題であり、もう少し先にしてほしいという気がする」。

あの時代をときめいた下河辺次官がたじたじとなった感じだった。「いわれる通り人口圧力は環境の一番の問題だが、人口が増えるのは避けて通れない。ともかく滋賀県は頑張ってほしい」と、最後は逃げてしまった。会場で聞いていて私は「やっぱり国にも格別な知恵はないんだ」と、妙に納得した。

私は國松さんの発言の中に、「一部事務組合を流域単位で」「住民参加と財政を組み合わせたシステム確立を」などの言葉がでてきたのに瞠目《どうもく》した。

翌年、十月十六日。琵琶湖の富栄養化の防止に関する条例（琵琶湖条例）が県議会で可決制定された。続いて國松さんの論文「量から質への転換を──琵琶湖・淀川流域への提言」が『近畿圏研究7号』（一九七九年冬刊・財団法人都市調査会）に発表された。滋賀県企画部水政室総括補佐　國松善次の名である。同誌の編集後記は「公務員の立場からの大胆な提言」と評価した。

その論文は最後に「この提言は私の全く個人的な見解であり、県の内部で議論したものでないことをおことわりしなければならない」といっている。琵琶湖問題に今後どう取り組んだらいいか、國松さん個人の考えがもろに出ているということである。琵琶湖条例ができたばかりの二十二年前の当時、一職員であった國松さん個人の問題意識を知ることのできる貴重な資料である。私は当時、別掲のような記事を書いたが、いま改めて論文をみてみる。

論文は、琵琶湖・淀川水問題への認識、対策としての琵琶湖条例とその背景、琵琶湖・淀川水質保全への提言、そして地方の時代へ向けた提案、という構成になっている。

論文は「近畿の水問題は、もはや単に量の問題でなく、質の問題、それも富栄養化防止という

県職員が大胆な提言

琵琶湖・淀川の水問題

流域自治を制度化

現状 責任が分散され過ぎ

県企画部水政室の国松善次総括補佐が、近畿圏研究7号（一九七九年冬刊）＝財団法人都市調査会発行＝に「琵琶湖・淀川流域圏への提言」と題して、関係地方自治体による「琵琶湖・淀川水資源保全機構」の設立を提唱した。同氏は、水の保全には水系や流域を一貫した長期的、総合的な体制が必要だとして、保全機構を軸にした一種の流域自治の制度化を提案したもので、同誌の編集後記では「公務員の立場からの大胆な提言」と高く評価している。同氏は琵琶湖を中心にした本県の水行政の中心者であるだけに、下流域自治体への反響が注目される。

評価される『近畿圏研究』の論文

国松　善次氏

この提言は五ページに及ぶ論文。同氏はこの論文を「流域自治へのデッサンといった視点で書いた」といっている。

まず「琵琶湖・淀川の水質保全は、水とその流域に住む人間の生活、産業活動の関係を流域単位でどう調和させるかということでなければならない」とし「しかし水質保全対策については責任が分散され過ぎている」と指摘。水系を一貫管理する組織「琵琶湖・淀川水資源保全機構」の設立を提案した。

保全機構は、水質保全について流域全体の基本計画を策定する。

流域全体を対象に、水系を一貫した目標水質、汚濁負荷の削減目標、人口、産業のフレームと土地利用の基本。フレーム、水質保全のために流域が一体となって取り組むべき事業などを盛り込む。

また事業を直接実施、あるいは助成を行い、各自治体間の利害調整や勧告にもあたる。

費用は「水資源保全基金」を創設してあてる。基金は琵琶湖、淀川の利水者（千三百万人）と企業が水の使用量に応じて拠出する。

こうした計画や基金を設けるとなると、流域関係者や自治体間で利害の衝突や意見の対立が出てくる。この調整のために「琵琶湖・淀川水資源保全委員会」をつくる。この委員会は保全機構の実動組織で、自治体代表のほか水問題に関係する団体（水道、商工業、土地改良区、漁業、森林組合など）学識経験者、議会代表らで構成する。

この新しい組織の実現のためには、国の法的、財政的措置が必要になる。このため「琵琶湖・淀川流域水資源保全管理特別措置法」という法律を制定してもらう。

法律ができるまでの間は関係自治体で協定し、共通の条例を制定、一歩でも、一部でも流域全体の取り組みを進める必要があると論文は述べている。

また最も重要なことは「〝質〟の問題に対する適切な対策がないと、きわめて大型の〝量〟の問題に逆行してしまうという危機感を流域の各自治体が持てるかどうかということだ」という。

そして同氏は「単に問題を理解するだけでなく、共通の認識に立ってその対策を共同で研究、開発することが必要」といい、愛知県矢作川流域の十年に及ぶ地道な活動の例を引いた。

京阪神の水ガメである琵琶湖の水を保全できるかどうかは、近畿の死命を制することなのだが、琵琶湖の保全がいまの体制では容易なことではないことがしだいにはっきりしつつある。

ではどうするのかという立場から、国松氏は「流域自治の制度化」によって突破口を開くことを提言した。今後この提言をきっかけに、真剣な論議が上下流に高まることが期待される。

全く私個人の見解

国松善次氏の話　「近畿圏研究」の編集の人と話をしている時〝役所の資料を載せるだけでなく、本を論議の場にしなくては〟といったら、ではまずお前が書けといわれて書く羽目になった。全く私個人の見解で、県の内部で議論したものでないことをお断りし、大いにご批判、ご意見をいただきたいと思う。

▲1979年（昭和54年）12月19日・中日新聞滋賀版

通常の対策を越えた水質保全の問題であり、さらにその費用負担という行財政制度の問題ということである」と述べた。通常の水対策のレベルを越えた問題であり、保全費用をどうつくるかという問題である。そして次のようにその対策を提言した。

——水の保全には水系や流域を一貫した長期的、総合的な体制が必要だが、現状は責任が分散されすぎている。そこで、関係自治体で水系を一貫管理する琵琶湖・淀川水資源保全機構を設立し、流域全体の基本計画をつくる。水資源保全基金を水使用量に応じて拠出し、保全事業に充てる。国は琵琶湖・淀川流域の水資源保全管理特別措置法を制定し、財政措置をする——。この提言は「一種の流域自治を制度化し、確立しようという提案につきる」ということである。

そして論文は「ところで、流域自治の確立などという構想の具体化は、簡単なものではない」といい、そのために整えなければならないいくつかの条件にふれた。

ひとつ。「近畿の水問題が、〝質〟の問題に対する適切な対策なしには、きわめて大型の〝量〟の問題に逆行するという危機感を、流域の各自治体がまず持てるかということである」。量を拡大することで問題を解決するという手法が、開発行為の暴走を呼び、質を保全する思想も技術も失ってしまったのが戦後の日本だった。仕事を増やしたい、そのためには人も予算もほしい……。そうした行政にひそむ本質を危ういものとして指摘している。

ひとつ。「単に問題を理解するだけでなく、共通の認識に立って、その対策を共同で研究、開発する必要がある」。理解するだけではだめだ、共同で研究、開発する。だれとだれの共通、共同なのか。それは続けて「愛知県矢作川《やはぎがわ》流域に十年に及ぶ地道な活動の例がある」と述べていることからも明らかである。住民、行政の連帯である。

流域研究会の翌年、國松さんは矢作川の運動を見に行っている。矢作川の運動は住民参加といったレベルのものではない。農漁民を中心に生まれた矢作川の水質を守る運動は、行政、企業を巻き込み、独自に国を越える水質基準を設け、行政にも企業にも守らせ、流域一体で水質保全運動が行われている。國松さんが学んだものは大きいだろう、いまも矢作川の農民リーダーとの友好は続いている。

しかし矢作川のような運動が容易に育つわけではなく、國松さんはそれも率直に論文に書いている。「矢作川運動のような成果は短時日の内には無理であろう」と。

提言した流域自治構想とはやや形は違ったが、しかし流域一貫した行政住民の組織が十四年後に実現した。一九九三年、財団法人琵琶湖・淀川水質保全機構が発足した。流域自治体が一体になって琵琶湖、淀川の水質保全に取り組み始めた。二府四県三政令都市と民間百余社で、三十億円の基金を搬出して事業をすすめている。

国に働きかけ専門の学者による研究会で琵琶湖の総合調査が行われた。そして國松知事の時代にいたって、国の関係省が協力して琵琶湖の水質を取り戻す計画がまとまった。滋賀県はマザーレイク21計画と名付けた。近代の生産活動と生活排水にびっしり囲まれた大湖の水質を、生産、生活を維持しながら回復するという、世界に前例のないプロジェクトがいよいよ始まる。

戦争遺児として

戦争があったの？　戦争って何だったの？　と、若い世代から聞かれるほど、戦争の記憶は遠くなりつつある。だが、いまの日本の老齢、高齢世代がまぎれもなく戦争の体験者である。その人々によって日本は敗戦を越え、復興を成し遂げたのだが、戦争は過去のものではない。負の遺産はさまざまな形でまだ丸抱えのままだ。

真珠湾攻撃に始まる太平洋戦争で、滋賀県から動員された人々（軍人と軍属）のうち、二万九千二百十二人が戦死した。多くは南方の海や島々に散った、國松さんの父もその一人である。

昭和二十年八月十五日、日本は降伏、敗戦した。日本へは戦勝した連合国の駐留軍が進駐した。滋賀には十月一日から入ってきた。将校宿舎として大津市の琵琶湖ホテルが接収された。進駐軍による日本の体制解体がすすむ一方で、戦争の桎梏《しっこく》から解放された国民が生き生きと行動し出した。「昭和二十二年七月、大津公民館でダンスパーティーが復活した。昭和十五年十月のダンスパーティーホール閉鎖以来のことであった」と、『図説　滋賀県の歴史』（河出書房新社）に写真が載っている。男性は背広、女性はスカートで踊る。

自由、民主主義、男女平等と、めくるめくように新たな価値観をうけいれ、経済成長に向かい始めた日本にあって、置き去りにされたものがあった。戦死者とその家族たちである。敗戦という有史以来の出来事で国は混迷し、みな国民は再出発の線上にあった。一家の働き手を戦争で失った家族も同一線上だった。敗戦国民みな不幸という事態に埋もれて、戦死者家族は戦後も犠牲者であり続けた。

そういう中から、日本遺族会の活動が活発になった。とくに滋賀県では青年部が生まれ、全国の遺族会活動を引っ張るめざましい行動を起こす。中心にいたのが國松青年だった。滋賀県遺族会青年部が創設二十五年を記念して出版した『戦没者遺児の青春』で國松さんはこう述べている。

「戦争は明らかに何万人、いや何百万人という人間の命を奪う。また死者の数よりも多くの人々を遺族にする。しかも戦争によって最も弱い立場に立たされるのが、常に後に残された妻であり子どもである。私たちはそのことを、敗戦という混乱した社会の中で体験したのであった。私たち親子の戦争体験はくり返されてはならない。いな、これからの社会に、しっかり生かされなければならない。そのためには、私たちの敗戦体験を、次の世代に正しく語り継ぐことこそ大切となる」。このとき國松さんは日本遺族会青壮年部中央執行委員長だった。

六歳のとき亡くなった父の戦死を、現実のものとして体で感じたのは昭和三十五年、日本遺族会の沖縄戦跡巡拝団に加わり、東シナ海の海を見たときだったという。そのときのようすを國松さんは『お父さん――私たちは生きてきた』(昭和四十二年、文芸春秋刊)の中でこう書いている。

「船長以下乗員全員でしめやかに挙行された海上慰霊祭。汽笛は、重く、長く、腹の底までひびいてきた。船は大きな白い輪を海にえがいていた。そのとき、海はすごい青黒さで、低いうめき声をたてて汽笛にこたえたように思った。父たちは、このどす黒い海の底に眠っている。そして、いまもうめいているようだ。――私はボストンバックの中の甘いものをみな海へ投げた。そのとき、私は自分のはらわたが、いっぺんに口からとび出してしまいそうな気がした。今日まで自分の胸にあったものが、ことごとく海へ投げだされたような気がした。私は、このときほんとうに父は戦死したのだと思った。父の死んだ戦争、戦死した父の味が、そのとき私は、ようやくわ

雨、焼けつく太陽、弾丸の中を歩き続けた父

■戦争の真実と責任

彼が大阪府庁から故郷滋賀県の県庁に入り、私が大津支局へ赴任した二十一年前の夏、彼と出会った。その春、琵琶湖に初めて赤潮が発生、彼は水政担当専門員として苦闘していた。

戦争で父を亡くした彼は、すでにその十年前から日本遺族会青年部長の任にあった。戦争についてあらためて考えるようになったのは、彼との出会いのおかげだった。

父よ息子よ兄、弟よ！幾十万の日本兵の遺骨は戦後20数年を経てなお海外の地に野ざらしになっていた。日本遺族会青年部は遺骨を集め焼骨した（1971年11月、サイパン島）＝「戦没者遺児の青春」（滋賀県遺族会青壮年部発行）より

心のファイル

戦後の長い間、アジアの国々で戦死した日本兵の遺骨は放置されていた。一九七二年、彼を団長に青年部が遺骨収集に向かい、千九百四十四柱を収集した。その時の話も聞いた。

彼らは羽田から骨つぼを首に厚生省に乗り込んだ。野ざらしの遺骨が山なす写真は、戦争の後始末を忘れ、経済成長に浮かれる日本人に衝撃を与えた。翌年、政府主催の遺骨収集が開始された。

滋賀県では県遺族会青年部の平和活動が早くから活発だった。八月のお盆に大津―彦根を巡る慰霊と平和祈願行進はいまも続く。

第一回は六六年。全員白シャツ、トレパン、麦わら帽子で彦根を出発。大津まで徹夜で歩いた。「お父さん、世界の平和をお守りください」「戦争はもう起こしません」のプラカードを手に。戦争遺児の平和行進と知った市民が沿道に寄せ激励した。

十五日正午、県庁前に到着した。雨でずぶぬれの行進を黒山の市民が迎えた。彼があいさつした。

「私たちは家に帰ったらふろに入り家族と夕食をとることができます。しかし私たちの父にはそれが許されませんでした。雨でも、焼けつく太陽の下でも、弾丸の中でも、歩き続けなければなりませんでした。こうした父たちのあったことを忘れないでください」

あいさつを受ける知事、県議会議長は、はっとしたように直立不動の姿勢になった――と、彼はそんな思い出も語ったことがある。

心底伝えていないから若い世代は知らない

その行進の夏から三十二年。今春、彼は県総務部長を定年退職。七月に行われた知事選に出て当選、滋賀県知事になった。彼は国松善次（よしつぐ）という。

ことしも慰霊と平和祈願行進は行われる。行進は最初と違い大津を出発し彦根に向かう。十三日朝、彼は知事として県庁前でメッセージを送る。

この半世紀余。日本人が心底から語り合い伝えていない、だから若い世代はまるで知らない、戦争の真実と責任――。

（唐木清志）

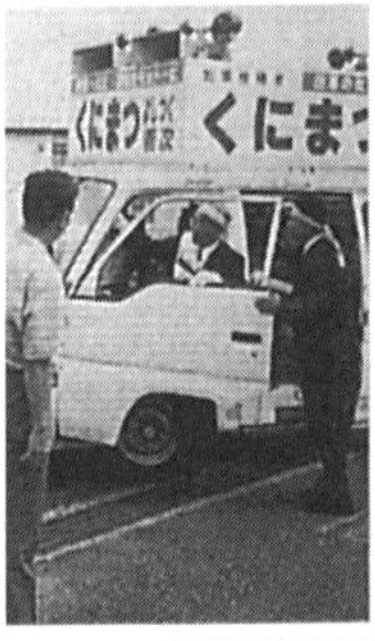

「戦争遺児の私がここまでこられたのはすべて人の愛によるものです。愛を県政の柱にします」と、彼は言った＝7月9日、滋賀県内で

▲1998年（平成10年）8月10日・東京新聞夕刊

かったと思った」

そして沖縄で非戦闘員をも巻き込んだ惨劇の跡を見た。遺児として主張すべきは主張しないといけないと考えた。栗東町で遺族会青年部を結成、それが全国の青年部運動に広がっていった。

遺児として思うのは「死んでしまった者は後のことは分からない。残された者が一番大変だ」ということだった。とくに女性が悲劇に遭遇するのを目のあたりにした。青年部は母に感謝する運動を始め、昭和三十八年、県下の戦争未亡人のお母さんを招待して「母に感謝する大会」を開催した。千百人の参加者は大雨の中、十五台のバスで市中パレードした。バスには「お母さん有り難う」「再び戦争は起こすまい」というスローガンが掲げられていた。國松滋賀県青年部長があいさつした。「男でも生活しにくい中で私たちを育ててくれたお母さんの苦労は、私たちが子どもを持つ年ごろになっていっそう身にしみて分かります。お母さんの流してきた涙は、きょうの雨よりももっと多いはずです」。

國松さんたちの遺族会青年部活動は、南の島に野ざらしになっている戦死者の遺骨収集に発展していく。戦後の長い間、アジアの国々で戦死した日本兵の遺骨は放置されていた。昭和四十七年、國松さんを団長に青年部が遺骨収集に向かい、千九百四十四柱を収集した。一行は羽田から骨つぼを首に厚生省に乗り込んだ。野ざらしの遺骨が山なす写真は、戦争の後始末を忘れ、経済

戦争犠牲者の慰霊と平和を祈る行進は、滋賀県遺族会壮年部によっていまも続けられている。

32年前、第1回行進の代表として挨拶した國松青年は、同じ県庁の玄関で知事として初めて、行進の代表から挨拶を受けた。

1998年8月13日

成長に浮かれる日本人に衝撃を与えた。翌年、政府主催の遺骨収集が開始された。

滋賀県では県遺族会青年部の平和活動が早くから活発だった。八月のお盆に大津—彦根を巡る慰霊と平和祈願行進はいまも続く。

第一回は昭和四十一年だった。全員白シャツ、トレパン、麦わら帽子で彦根を出発。大津まで徹夜で歩いた。「お父さん、世界の平和をお守りください」「戦争はもう起こしません」のプラカードを手に。戦争遺児の平和行進と知った市民が沿道に寄せ激励した。

十五日正午、県庁前に到着した。雨でずぶぬれの行進を黒山の市民と職員が迎えた。あちこちからすすり泣きが漏れていた。國松さんがあいさつした。

「私たちは家に帰ったらふろに入り家族と夕食をとることができます。しかし私たちの父にはそれが許されませんでした。雨でも、焼けつく太陽の下でも、弾丸の中でも、歩き続けなければなりませんでした。こうした父たちのあったことを忘れないでください」。

あいさつを受ける知事、県議会議長は、はっとしたように直立不動の姿勢になった。

その行進の夏から三十二年経った平成十年。國松さんは総務部長を定年退職。七月に行われた知事選に出て当選、滋賀県知事になった。行進は最初と違い、大津を出発し彦根に向かう。八月十三日朝、國松さんは県庁前に立ち、出発する行進にメッセージを送った。

（了）

あとがき

平成十年三月三十一日、私は当時の稲葉知事から、定年退職の辞令を受けました。

大阪府の職員時代が十七年、ふるさとである滋賀県の職員となって二十二年。この重厚な風格の県庁舎ともお別れかと思うと、愛惜の念が一層募るのを覚えたものです。その時、再び戻ってこれるとは思えませんでした。

退職したら、ライフワークとしての健康生きがいづくりアドバイザーの仕事に打ち込もうと、準備を始めていた私の心を動かしたのは、敬愛する守田厚子さん（今年九十九歳、前滋賀県遺族会会長、元全国母子寡婦福祉団体協議会会長）の言葉でした。

「國松さん、今まではみんなに支えられてここまで来たのだから、これからはみんなにお返しをしなくてはだめですよ」

私は知事選への出馬を決意し、当選の栄に浴することができました。そして百十二日ぶりに懐かしい県庁舎へと戻ることになったのです。

戻ってみると、慣れ親しんだ庁舎でありながら、まるで別世界のような感じでした。私の置かれている状況が、それこそ百八十度転換したからです。分刻みで進むスケジュール、その場その場で求められる気持ちの切り替えと集中力、そして的確な判断。重い責任を背負いながら、ある時は苦渋とも言える決断を行い、あるときは心地よい高揚感を味わいつつ、手応えとやりがいのある毎日を過ごしています。

私は県政運営を預かるに当たっての基本姿勢を、「生活者原点」に置いています。

まず私が県民の皆さんの信頼に足るパートナーとなり、力を合わせて県政を運営していきたいのです。

滋賀県民は、琵琶湖の赤潮の発生を契機として、せっけん使用県民運動が行政を動かし、琵琶湖条例として結実させた歴史を持っています。この結果、合成洗剤メーカーは、有リン洗剤から無リン洗剤へと製造転換しました。当時私は、企画部水政室総括補佐として琵琶湖水政を預かるセクションにいました。

大規模な環境の危機に、住民と行政が一体となって立ち上がった、これ程の例はありませんでした。県民と行政のパートナーシップの姿を見ました。二十年以上の歳月を経て、知事としてこれをより発展させるべく取り組むこととなりました。運命の糸に導かれているのかもしれません。

本書が県民の皆さんと県政をつなぐ架け橋の役割を果たしてくれれば、こんなにうれしいことはありません。

最後に、初めての出版である上に、公務に追われての執筆で、何かとご尽力いただいたサンライズ出版の岩根社長とスタッフの方々をはじめ、全体にわたるアドバイスとご寄稿をいただいた唐木清志さんなど、支えていただいた皆さんに、心からお礼申し上げます。

平成十三年（二〇〇一年）初夏

國松善次

ただいま知事《ちじ》一年生《いちねんせい》

2001年6月30日1刷発行
2001年8月20日2刷発行

著　者／國《くに》松《まつ》善《よし》次《つぐ》
発行者／岩根順子
発行所／サンライズ出版
滋賀県彦根市鳥居本町655-1
☎0749-22-0627　〒522-0004
印　刷／サンライズ印刷株式会社

ISBN4-88325-087-3 C0031